Cómo controlar la ansiedad

Grupo ROBIN BOOK

Barcelona - México
Buenos Aires

Gladeana McMahon

Cómo controlar la ansiedad

Conviértase en su propio terapeuta

Traducido por F. Javier Lorente

Si usted desea que le mantengamos informado de
nuestras publicaciones, sólo tiene que remitirnos su
nombre y dirección, indicando qué temas le interesan,
y gustosamente complaceremos su petición.

Ediciones Robinbook
información bibliográfica
C/. Indústria 11 (Pol. Ind. Buvisa)
08329 – Teià (Barcelona)
e-mail: info@robinbook.com

www.robinbook.com

Título original: *No More Anxiety!*
© 2005, Gladeana McMahon
   First published in 2005 by H. Karnac Books Ltd., represented by Cathy Miller
Foreign Rights Agency, London, England
© 2008, Ediciones Robinbook, s. l., Barcelona
Diseño cubierta: Regina Richling
Fotografía de cubierta: Ilustration Stock
Coordinación y compaginación: MC producció editorial
ISBN: 978-84-7927-917-2
Depósito legal: B-20.578-2008
Impreso por Limpergraf, Mogoda, 29-31 (Can Salvatella),
   08210 Barberà del Vallès.

Impreso en España - *Printed in Spain*

Para Mike.
Gracias por estar siempre a mi lado.

Introducción

¿Qué tiene de bueno la terapia cognitivo-comportamental?

El uso de palabras como *asesoramiento* o *psicoterapia* quizás nos haga pensar que sólo existe un único método de tratamiento. Nada más lejos de la realidad, ya que, en la actualidad, disponemos de más de cuatrocientas cincuenta terapias distintas. Algunas de ellas comparten algunos principios y otras, en cambio, son tan distintas como la noche del día.

La terapia cognitivo-comportamental puede considerarse relativamente reciente, si bien sus orígenes se encuentran en un método anterior, la terapia comportamental surgida a mediados de la década de 1950. Su objetivo principal consistía en ayudar al paciente a reconocer y superar los trastornos producidos por la ansiedad mediante el cambio de ciertos comportamientos y actitudes. A pesar de los resultados obtenidos, pasaba por alto un aspecto que más tarde se revelaría decisivo: los pensamientos asociados al comportamiento del paciente. A finales de la década de 1960, apareció una nueva terapia, denominada *cognitiva,* que se centraba en los tipos o estilos de pensamiento que causaban graves trastornos en las personas aquejadas de ansiedad. Los primeros éxitos no se hicieron esperar y sus partidarios comenzaron muy pronto a integrar ciertos presupuestos de la terapia comportamental, hasta el punto de fusionarlas en la llamada *terapia cognitivo-comportamental* (TCC), la única, a día de hoy, que se basa en métodos experimentales que no sólo han permitido que sus partidarios queden plenamente convencidos de su funcionamiento, sino que, además, sepan cómo y porqué. En la actualidad existe un gran número de estudios que demuestran la pertinencia de esta terapia a la hora de atender una amplia variedad de trastornos y cada vez son más los centros médicos oficiales que aprueban su uso para el tratamiento de enfermedades tan habituales como la ansiedad y la depresión.

¿Cómo puede ayudarme este libro?

El propósito principal de este libro es mostrar algunas de las técnicas más habituales de la terapia cognitivo-comportamental y ofrecer algunos consejos sobre cómo pueden adaptarse para controlar y vencer nuestras crisis de ansiedad. Ante todo, es necesario comprender qué sucede en nuestro interior y cuál es la mejor manera de vencer los miedos e inseguridades que nos asaltan en ciertas ocasiones.

Si tomamos nota de los diversos consejos que aparecen a lo largo de las páginas siguientes, es muy probable que logremos superar ese malestar sin recurrir a la ayuda de nadie más.

Quizás a algunos lectores les baste con leer el libro y practicar ciertos ejercicios. Otros, en cambio, comprobarán que su problema es distinto y que tal vez hayan de modificarlos un poco. Cada lector debe decidir si le conviene más seguir un método al pie de la letra o no.

Asimismo, es muy probable que a algunas personas les baste poner en práctica estos consejos para eliminar por completo sus males y otras tan sólo consigan reducirla. Si usted, querido lector, se ve en ese último caso, no se

11

preocupe. Estoy segura de que lo ha comprendido todo perfectamente y que se ha esforzado mucho. Tal vez su estado sea algo más grave de lo habitual y deba ponerse en manos de un especialista.

¿Qué es la ansiedad?

La respuesta al estrés: algo mejor de lo que se pensaba

El miedo no siempre es malo. Por ejemplo, si al cruzar la calle me doy cuenta de que un coche se acerca a toda velocidad, sentiría un sobresalto que podría interpretarse como un síntoma de ansiedad. En ese caso, la tensión me permitiría evitar el atropello y seguir indemne. Sin embargo, si experimentase la misma sensación cuando mientras aguardase el autobús y no hubiera nada que temer, mi cerebro estaría enviando al resto del cuerpo una respuesta muy poco apropiada. El miedo es un mecanismo crucial para nuestra supervivencia. De hecho, el organismo de los seres vivos está programado para protegerse en situaciones de peligro.

Desde un punto de vista biológico, ciertas glándulas del cuerpo producen hormonas que nos ayudan a afrontar situaciones de tensión, como el cortisol, la noradrenalina –que nos predispone para responder a una posible agresión– o la adrenalina –una sustancia que modifica de manera momentánea nuestro estado físico y mental, y nos permite zafarnos de una amenaza o bien hacerle frente.

Cuando experimentamos alguna de estas reacciones, sentimos que nuestros músculos entran en tensión y aumentan la respiración, el ritmo cardíaco y la presión arterial. Tampoco es extraño que sudemos más de la cuenta o notemos «mariposas» en el estómago. Todo ello nos dará igual, pues en esos momentos sólo pensaremos en la tarea que se debe afrontar e incluso nos comportaremos de una manera impensable en situaciones normales. Quizás le hayan contado cómo una madre fue capaz de levantar la parte delantera de un coche para salvar a su hijo. Por raro que pueda parecerle, es verdad. Y usted, llegado el caso, también lo haría.

Existe otra clase de respuesta muy distinta: en ciertas ocasiones, la tensión, en lugar de desencadenar una actuación frenética, nos impulsa a adoptar una cierta calma que nos permite pensar con mayor claridad. Aunque no es tan habitual, no deja de ser útil, sobre todo cuando hay que buscar un buen escondrijo.

Sin embargo, al igual que sucede en otros aspectos de la vida, un exceso de tensión puede ocasionar graves problemas. No cabe duda de que nuestro organismo está preparado para afrontar el riesgo, pero lo que en principio es una bendición puede convertirse en una pesada carga.

Observe la figura 1, en ella se detalla el proceso que siente una persona cuando experimenta un estado de ansiedad.

Como puede imaginar, la respuesta a una situación de estrés tan sólo es útil a corto plazo. Si no logramos controlarla, acabaremos acostumbrándonos a reaccionar de manera desmesurada a cada momento y seremos incapaces de afrontar los problemas realmente graves, tal como se muestra en la figura 2.

O   Baja concentración
P   Indecisión
Q   Irritabilidad
S   Agotamiento

El cuerpo recupera
la normalidad

Percepción de un incidente
como posible amenaza

Descienden los niveles de
adrenalina, noradrenalina
y cortisol

**Respuesta
al estrés**

- Aumento del ritmo cardiaco
- Aumento del ritmo respiratorio
- Combustión de grasas y glucosa
  para obtener más energía
- Concentración del flujo sanguíneo
  en cerebro y músculos, y retracción
  de otras áreas menos importantes
- Aumento de la sudoración
- Depresión del sistema inmunitario

Aumentan los niveles
de adrenalina,
noradrenalina y cortisol

**DESAPARICIÓN DE
LA AMENAZA**

Figura 1. Respuesta en una situación de estrés.

En la tabla 1 se detalla una lista de los síntomas más habituales que suelen aflorar cuando se adoptan actitudes y se experimentan sensaciones físicas y mentales propias de situaciones de estrés sin que sea necesario.

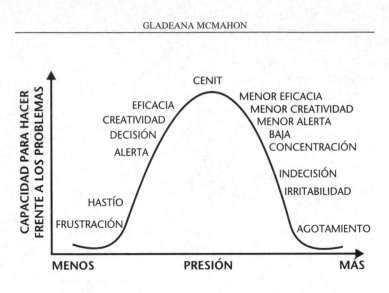

Figura 2. Niveles de eficacia personal.

¿Hay personas más susceptibles que otras?

Por regla general, uno de cada seis adultos sufre alguna clase de trastorno mental –si bien otro estudio de mayor envergadura aumenta la proporción hasta el 25% en el caso de las enfermedades graves–, de lo que se colige que cerca de tres de cada diez personas padecen algún tipo de problema psicológico. De hecho, y siempre según las cifras de tales estudios, la depresión y la ansiedad afecta a un 9,2% de la población; la ansiedad general, a un 4,7%; los trastornos obsesivo-compulsivos, al 1,2%; las fobias, al 1%; y las crisis de pánico, al 0,7%. Como puede verse, la ansiedad, en cualquiera de sus formas, afecta a mucha gente, así que, si se encontrase en alguno de estos casos, consuélese: no está solo.

Existen algunos factores relacionados con las situaciones de ansiedad, tales como los antecedentes familia-

Tabla 1. Síntomas de ansiedad.

Síntomas físicos	Síntomas emocionales
Rigidez en el pecho	Cambios de humor repentinos
Dolores y palpitaciones	Ansiedad y preocupación
Indigestión	Tensión
Respiración entrecortada	Ira
Náusea	Sentimientos de culpabilidad
Calambres musculares	Vergüenza
Dolores musculares	Falta de entusiasmo
Jaquecas	Cinismo
Alteraciones cutáneas	Pérdida de control
Recaída en enfermedades o	Indefensión
alergias pasadas	Baja autoestima
Trastornos intestinales	Baja concentración
Aumento o pérdida de peso	
Trastornos menstruales	
Fatiga	
Desmayos	

Comportamiento	Implicaciones psicológicas
Bajo rendimiento laboral	«No hago nada bien»
Mayor riesgo de sufrir	«Soy incapaz de afrontar
accidentes	el riesgo»
Aumento del consumo	«¿Por qué todos se meten
de tabaco y alcohol	conmigo?»
Aumento o disminución	«Nadie me comprende»
del apetito	
Alteración del ciclo de sueño	«No sé qué me pasa»
Mala organización del tiempo	«No puedo hacer nada»
Imposibilidad de relajarse	Pérdida de objetividad
Balbuceo	Distanciamiento de familiares
	y amigos
Desinterés por el sexo	Dificultad para enjuiciar
	hechos y situaciones
Incapacidad de expresar	Comportamiento mecánico
sentimientos y emociones	y rutinario
Estallidos emocionales	
Tics nerviosos	

res, las situaciones de estrés que deben afrontarse, las maneras de pensar, la falta de recursos para superar los momentos difíciles, ciertos rasgos de la propia personalidad y la presencia o no de un entorno familiar y laboral en el que buscar apoyo.

Antecedentes familiares

Según las últimas investigaciones, ciertas familias muestran una predisposición mayor a la ansiedad o la depresión. Por el momento, se ignora si se trata de un rasgo transmitido genéticamente o bien adquirido durante la etapa infantil, aunque no cabe duda de que hay comportamientos y maneras de pensar que hacen que una persona sea psicológicamente más frágil. No obstante, hemos de tener en cuenta que el hecho de que hayamos nacido en una familia proclive a la ansiedad no significa que estemos sentenciados de por vida y no podamos liberarnos de ese yugo emocional. Buena parte del comportamiento es fruto de un proceso de aprendizaje y siempre cabe la posibilidad de que modifiquemos o sustituyamos por completo aquellos hábitos con los que no nos encontramos a gusto.

Situaciones estresantes

Para bien o para mal, nadie está a salvo de los períodos de estrés. A veces, por culpa del trabajo o de ciertos problemas que afectan a su vida sentimental. De hecho, cualquier situación problemática puede convertirse en una fuente de miedo y ansiedad si no se afronta con cuidado.

Es más: no siempre se trata de acontecimientos desagradables. Existen varios estudios psicológicos que demuestran que incluso experiencias tan maravillosas como el hecho de tener un hijo o ascender en la empresa son susceptibles de dar paso a etapas de inseguridad y temor. Los cambios, sobre todo cuando son imprevistos, exigen un reajuste emocional considerable.

Maneras de pensar

Las personas pesimistas son más proclives a sentir crisis de ansiedad que las optimistas. Todo depende de la manera de pensar: hay quien es incapaz de valorar los aspectos positivos de una situación o que, simplemente, los ignora por considerarlos poco importantes. Como se verá a lo largo de este libro, un número considerable de estudios e investigaciones han demostrado que existe un vínculo muy estrecho entre las ideas que profesa una persona y sus estados de ánimo. Cuanto más se caiga en los planteamientos negativos, más ansiedad se sentirá, sobre todo cuando cualquier cambio se interpreta como poco menos que una amenaza. Supongamos, por ejemplo, que alguien que debe afrontar el pago de una hipoteca mes tras mes recibe la noticia de que va a tener un hijo y, además, se entera de que su empresa va a iniciar un recorte de personal. Si afrontase esta etapa de incertidumbres con valentía y optimismo, a buen seguro no sufriría tanto como si se dejase llevar por la preocupación y acabase por caer en un profundo abatimiento.

Falta de recursos para afrontar crisis emocionales

Muchos de nosotros poseemos habilidades que nos permiten hacer frente a ciertas situaciones de estrés. Por ejemplo, quizás sepa que la mejor manera de no preocuparse demasiado por una tarea pendiente consiste en realizarla cuanto antes. Sin embargo, muchas veces nos dejamos llevar por nuestros impulsos más primarios y acabamos por desarrollar hábitos inútiles o perjudiciales, como buscar un vano consuelo en el tabaco, la bebida o los dulces.

Personalidad individual

Una persona estará en condiciones de soportar situaciones de ansiedad y estrés con mayor o menor eficacia en función de ciertos rasgos inherentes de su carácter. A finales de la década de 1960, un equipo de cardiólogos descubrió que existen dos perfiles bien definidos, a los que denominaron Tipo A y Tipo B, y a los que posteriormente se añadió un tercero, el C, más conocido como *personalidad robusta*.

Las personas que responden al tipo A suelen ser ambiciosas, competitivas, dominantes y no sólo restan importancia a las situaciones de estrés, sino que incluso llegan a considerarlas estimulantes si bien, cuando alcanzan una cierta sobrecarga, tienden a derrumbarse. En cambio, quienes pertenecen al Tipo B suelen ser más mesurados y se afrontan la vida con más calma. Las de Tipo C vendrían a comportarse como las de Tipo A, aunque resistirían mucho mejor los momentos de tensión.

Medio social

Tras varios años de estudio, las investigaciones realizadas en el campo de la psicología han demostrado que las personas que gozan de un entorno familiar y social estable afrontan mejor los efectos de un acontecimiento traumático. No sólo se trata de hablar con las personas a las que guardamos una gran confianza, sino implicarse en una relación solidaria en la que todos se apoyan y protegen. Por desgracia, la solidez de estas redes sociales sólo se demuestra en el momento en que sobreviene una crisis.

La ansiedad, ¿un rasgo innato o adquirido?

Cabe la posibilidad de que usted haya adquirido un cierto temperamento ansioso. Si su padre o su madre fuesen tímidos o incluso miedosos y se mostrasen inquietos cada vez que usted hiciese algo inesperado, acabarían por inculcarle la idea de que la vida no es segura. Al fin y al cabo, cuando somos niños, los tomamos como modelo de comportamiento. De ese modo, usted habría aprendido, aunque de manera inconsciente, que en ciertas situaciones no conviene arriesgarse demasiado o evitar cualquier obstáculo, por muy sencillo que fuese de franquear. Con tales ideas, no sería extraño que cualquier cambio más o menos brusco o inesperado en su vida le acarrease un molesto estado de ansiedad.

No estaría de más que considerásemos la infancia como una etapa de aprendizaje en la que nuestro desarrollo está en manos de otras personas. En ocasiones, esos *maestros* están bien formados y se hallan en condiciones de enseñarnos todo cuanto necesitamos para abrirnos paso en el mundo. Sin embargo, también puede darse el caso contrario. Quizás sean personas maduras y bien formadas que, por cualquier razón, pasan una mala época que no sólo les afecta a ellos, sino también a nosotros, en la medida en que se resiente la adquisición de los recursos y habilidades que nos permitirá convertirnos en personas adultas.

La ansiedad y sus clases

Trastorno de ansiedad generalizada (TAG)

Las personas que sufren esta clase de ansiedad se creen amenazas durante todo el tiempo y se sienten tensas, cansadas e, incluso, al límite de sus fuerzas. Cualquier contratiempo se les antoja conflictivo e, incluso, difícil de afrontar. Los síntomas más habituales en estos casos son temblores, inestabilidad, dolores y espasmos musculares (sobre todo en la cabeza y el cuello), debilidad, agotamiento, dificultad a la hora de conciliar el sueño, problemas de concentración, irritabilidad, pérdida de memoria y otros habituales en situaciones de estrés.

Trastorno obsesivo-compulsivo (TOC)

También conocido como *neurosis obsesivo-compulsiva,* quienes lo padecen suelen experimentar una necesidad perentoria de realizar un conjunto de actividades más o menos ritualizadas como, por ejemplo, asegurarse de que han cerrado el gas varias veces antes de salir de casa, lavarse las manos más de lo habitual o exacerbar su sentido del orden. Los comportamientos de este tipo se caracterizan, además, por repetirse un número de veces concreto –ni una más ni una menos– y en el caso de que, por cualquier razón, la persona deba saltarse por alto alguno de los pasos, hará todo lo posible por comenzar de nuevo.

Hipocondriasis

Quienes sufren este trastorno viven obsesionados con la idea de que su salud corre peligro, da igual que cualquier médico les haya confirmado lo contrario. No es raro, por ejemplo, encontrarse con personas que, al sentir un dolor más o menos agudo, creen que están desarrollando algún tumor y solicitan un sinfín de pruebas que, al no confirmar sus temores, consideran inexactas o erróneas, sin convencerse de que se encuentran perfectamente.

Este trastorno posee ciertos elementos en común con el anterior.

1. En ambos casos, los pacientes se obsesionan con una idea que les produce un profundo desasosiego y acaba por convertirse en una fuente de ansiedad.

2. Llegados a ese punto, suelen desarrollar algún tipo de comportamiento que parece aliviar su ansiedad, como, por ejemplo, lavarse las manos o comprobar que se ha apagado correctamente el gas varias veces antes de salir.

Trastorno por estrés postraumático (TEPT)

Esta clase de trastorno suele experimentarse tras algún incidente traumático en el que la persona se haya visto envuelta, ya sea como testigo o como participante, y haya sufrido un grave choque emocional. Suele darse tras estados pánico o indefensión y, por lo general, sus efectos suelen desaparecer al cabo de unas cuatro o seis semanas, sin que sea imprescindible contar con la ayuda de un experto. Sin embargo, en algunos casos, la experiencia es lo suficientemente grave como para que la víctima desarrolle conductas patológicas como, por ejemplo, rehuir a personas, lugares u objetos que le recuerden lo ocurrido. En estas situaciones, además, son frecuentes los *flashbacks* de algún detalle en especial y no es raro que quienes los padecen acaben por desarrollar síndromes de ansiedad muy agudos.

Fobias

Las personas que experimentan este tipo de trastornos suelen sentir un miedo extremo ante algo muy concreto. Entre las más comunes se encuentran las fobias a los perros, los gatos, el agua, las alturas, los lugares cerrados, la sangre, los truenos... En algunos casos, el paciente pierde el control sobre sí mismo y es incapaz de realizar cualquier acción. Quien padece agorafobia, por ejemplo, evita, bajo cualquier concepto, los espacios abiertos y sólo consigue calmarse cuando se halla en un ambiente en el que se sienta sano y salvo. Buena parte de estas sensaciones suelen ir acompañadas de ataques de pánico, tal como se comenta más adelante.

Fobia social

Asociada a menudo a la timidez, esta clase de trastorno está mucho más extendida de lo que pudiera pensarse y merece un tratamiento aparte. Quienes la sufren se sienten a disgusto en compañía de desconocidos y suelen evitar ciertas situaciones que consideran embarazosas, como hablar o comer en público por temor a que los demás piensen mal de ellos.

Trastornos del pánico

Esta denominación permite referirse a diversas situaciones en que una persona experimenta ataques de pánico con cierta frecuencia. En esos casos, los pacientes sienten un enorme miedo acompañado de aumento del ritmo cardiaco, temblores, respiración entrecortada, aturdimiento, dolor en el pecho, náuseas, mareos, pérdida de la noción de realidad y temor a volverse locos o, incluso, a morir. Los ataques pueden sobrevenir de manera esporádica o de manera crónica, casi a diario, y con una intensidad variable. Las mujeres son más propensas a padecerlos y suelen comenzar a sufrirlos durante la adolescencia o los primeros años de la madurez. Algunos estudios han aventurado la posibilidad de que se trate de un trastorno hereditario.

Estrés crónico o síndrome *burn-out*

En más de una ocasión habremos oído hablar de alguien que está «quemado». El síndrome *burn-out* lo sufren personas que padecen estrés crónico y se sienten incapaces de proseguir con sus quehaceres durante un tiempo. Tal como se ha visto en el capítulo anterior, el estrés es una respuesta física a una situación de incertidumbre durante la cual el organismo secreta una cantidad de hormonas mayor de lo habitual. Cuando una persona debe afrontar una situación particularmente difícil y durante más tiempo de lo normal, puede que acabe superada por los acontecimientos y sucumba ante ellos. En esos casos no es extraño que, junto con los sentimientos de impotencia y culpabilidad, aparezca la ansiedad.

Algunas de las preguntas más frecuentes

¿Hasta qué punto es perjudicial la ansiedad?

Alguna vez habrá oído la expresión «no gana uno para sustos». Aunque los estados de ansiedad son cada vez más frecuentes y, en algún momento, quizás tenga la sensación de que su vida es un completo infierno, no pierda los nervios: nadie se ha muerto por ello. Sin duda, la ansiedad es un estado mental muy molesto que tiene efectos secundarios en nuestro organismo, pero por fortuna no va más allá.

¿Puedo padecer un colapso nervioso?

Los estados de ansiedad, por muy graves que sean, no desembocan en situaciones tan graves. Aunque muchas personas aquejadas de trastornos mentales padecen ansiedad, ésta, por sí sola, no conduce a la demencia.

¿Por qué me siento tan débil?

La ansiedad produce una fuerte sensación de fatiga, causada por el aumento de la producción de hormonas con las que sobrellevar el estrés. No es fácil realizar las tareas cotidianas en estas condiciones, pero si usted aprende a controlarse, pronto recuperará la energía perdida.

¿No cree que debería tomarme un respiro?

Quizás piense que lo mejor para usted en estos momentos sería descansar un poco y reponer fuerzas. Sin embargo, no es raro que las personas que suelen padecer ansiedad busquen todo tipo de excusas para evitar enfrentarse a sus problemas, algo que, a la larga, sólo empeora su situación. En estos casos, lo más recomendable es aprender a lidiar con los propios miedos y atajarlos de la manera más eficaz posible.

¿De veras puedo aprender a controlar mi ansiedad?

Sí, usted puede hacerlo e incluso es posible lograr erradicarla por completo. Una vez que haya aprendido a sacar el máximo partido de las técnicas de control de la ansiedad, usted será capaz de comprender mejor sus emociones y manejarlas de una manera más eficaz a fin de disfrutar de un estado de salud y una calidad de vida mucho mejores.

¿Y qué me dice de la medicación? ¿Puedo curarme con pastillas?

Aunque la medicación puede ser de gran ayuda en ciertos casos, no resuelve el problema, sino que tan sólo lo enmascara y, más a menudo de lo que se piensa, acaba por generar peligrosas adicciones. La única manera de vencer la ansiedad consiste en cambiar de hábitos.

Cómo dejar
atrás la ansiedad

Aprenda a controlar el estrés

Para ello, basta con que recuerde estos tres sencillos principios con los que hará más breve el mal trago por el que esté pasando:

A delántese a los acontecimientos y prevea los momentos de mayor estrés.

I dentifique las mayores fuentes de estrés en su vida.

D esarrolle un conjunto de estrategias que pueda poner en práctica y utilícelas siempre que lo considere conveniente.

Estrategias para hacer frente al estrés

A continuación podrá ver una extensa relación de técnicas con las que sobrellevar los momentos más peliagudos por los que todos solemos pasar. Escoja las que le parezcan más adecuadas a su situación.

Recurra a personas de confianza

Fórmese un círculo de amistades y esfuércese por mantenerlo. Intercambiar impresiones y compartir experiencias con otras personas es muy provechoso. No le dé vergüenza recabar su ayuda o su consejo y acéptelos de buen grado si alguien se los ofrece, pero tampoco se olvide de hacer lo mismo si se da cuenta de que alguno de sus amigos necesita su apoyo. De todos modos, en estos momentos, le corresponde recibirlo a usted.

Relájese

La relajación es una de las medidas más eficaces a la hora de hacer frente a sus crisis de ansiedad y reducir el estrés. Resérvese un poco de tiempo para usted y disfrute de las siguientes propuestas:

- Encienda unas cuantas velas, llene la bañera, vierta un poco de aceite esencial de lavanda, ponga algo de música y dedíquese a no hacer nada durante la próxima media hora.

- Procure dar al salón una iluminación cálida y suave, busque un buen disco, arrellánese en el sofá y, tras cerrar los ojos, tómese un respiro.

- Cuide las plantas del balcón o el jardín. Si lo prefiere, dé una vuelta por el parque y entreténgase contemplando las flores y los árboles.

Practique ejercicios de relajación

Existe una gran variedad de ejercicios, algunos requieren un cierto esfuerzo físico y otros, en cambio, se basan en técnicas de visualización y respiración. A continuación puede ver las tres técnicas más comunes:

Respiración

- Inspire a través de la nariz y cuente hasta cuatro.
- Espire por la boca mientras cuenta hasta cinco.
- Cuando haya expelido todo el aire, procure distender los hombros.

Al practicar el ejercicio, utilice el diafragma para controlar los movimientos. Por ejemplo, mientras inspira, procure dilatar su estómago al máximo y, durante la espiración, intente expulsar el aire desde el vientre. De este modo, su respiración será mucho más profunda y los efectos, mayores.

Las personas que padecen una crisis de ansiedad tienden a respirar de manera entrecortada. El organismo dispone de menos oxígeno y, en consecuencia, aumenta el ritmo de las boqueadas, de ahí esa sensación de mareo, aturdimiento e incluso miedo que puede ocasionar una hiperventilación, tal como se describe en la página 116.

Conviene que practique las indicaciones anteriores hasta que se haya asegurado de que puede ponerlas en práctica en cualquier momento. Como verá, se trata de una medida muy sencilla, pero eficaz, ya que le permitirá controlar sus estados de nerviosismo. Además, le será de gran ayuda en aquellas situaciones en que deba hacer frente a una situación comprometida.

Estiramientos

1. Túmbese en el suelo de la manera más cómoda posible.
2. Comience por los pies: ténselos al máximo y luego relájelos. Fíjese en la sensación de pesadez que experimenta y con qué fuerza los deja caer.
3. Tense los músculos de las piernas del mismo modo y, a continuación, relájelos de nuevo. Al igual que en el paso anterior, preste atención a la sensación de pesadez y al modo con que las deja caer sobre el suelo.
4. Repita el ejercicio con otras partes del cuerpo (caderas, vientre, pecho, brazos, cuello y cara).

Nota: en el caso de que sufra de tensión alta o algún problema cardiaco, consulte a su médico de cabecera antes de realizar este ejercicio.

Visualización

1. Busque un lugar tranquilo donde sentarse o quedarse tumbado.
2. Imagine que se encuentra en un jardín, en la estación del año que más le apetezca, y disfrute de las flores, los árboles y todo lo demás.
3. Fíjese en el muro que delimita uno de los lados del jardín. En el centro hay una puerta de madera, un tanto envejecida, con un picaporte de hierro fundido.
4. Diríjase hacia la puerta y ábrala.

5. Busque al otro lado un lugar en el que pueda sentirse a salvo. Algún sitio que nadie conozca y en el que no puedan encontrarlo.

6. Permanezca allí todo el tiempo que quiera y disfrute de la calma.

7. Cuando se sienta mejor, vuelva hacia la puerta.

8. Salga y asegúrese de echar el cierre. No se olvide de que ese lugar siempre estará allí y de que podrá volver cuando quiera.

9. Dé una vuelta por el jardín y abra los ojos en el momento que considere conveniente.

Nota. Para realizar este ejercicio no necesitará más que un par de minutos, aunque si lo prefiere puede emplear hasta media hora. Todo depende de cuánto tiempo quiera dedicarle.

Anclaje

Con esta denominación se conoce una técnica en la que el paciente asocia un conjunto de sensaciones positivas, tranquilizadoras y placenteras a un objeto en particular y que, por lo general –aunque no siempre–, suele ser de uso corriente. Gracias a ella, cuando deba enfrentarse a una situación comprometida, bastará con que acaricie el objeto en cuestión para que recupere la serenidad.

1. Escoja, por ejemplo, un anillo.

2. Cierre los ojos y concéntrese en algún aspecto de su vida que considere placentero o le haga esbozar

una sonrisa. Puede tratarse de una persona, un lugar o una actividad que le haga sentirse bien.

3. Frote el anillo mientras usted prosigue absorto en esos pensamientos tan agradables durante unos cinco minutos, más o menos.

4. Después, tómese un respiro y repita el proceso.

5. Gracias a este hábito tan sencillo, podrá relacionar esas emociones tan positivas con el objeto que haya escogido. A partir de ese momento, le bastará con tocarlo para recuperar esas sensaciones de manera instantánea.

Lleve una dieta sana

Las crisis de ansiedad pueden ir a peor si se consumen estimulantes como té, café, refrescos de cola o chocolate, ya que todos ellos contienen cafeína, una sustancia que conviene evitar si no se quiere aumentar el nerviosismo o, incluso, los accesos de ira, ya que su ingesta ocasiona un aumento de adrenalina que, por si fuera poco, incrementa los niveles de azúcar en la sangre. Por ello, para mantener un buen equilibrio físico y emocional, es preciso comer con mesura y una cierta frecuencia a lo largo del día. También conviene evitar los azúcares refinados y otras sustancias que nos ayudan a ponernos «a tono» rápidamente y optar, en cambio, por otras de acción mucho más lenta, como los hidratos de carbono (patatas, pasta, arroz, pan, manzanas o plátanos), ya que permiten recuperar la energía de una manera mucho más controlable.

Organice mejor su tiempo

El tiempo es un bien de valor incalculable, sobre todo cuando se puede disponer en grandes cantidades, por ello, si desea reducir sus niveles de estrés de la manera más eficaz posible, deberá aprender a organizarse. No en vano, la habilidad para aprovechar hasta el último minuto es tan importante, que se le ha dedicado un capítulo completo (véanse las páginas 161-174).

Duerma lo necesario

Para disfrutar de un equilibrio físico y psíquico satisfactorio, es preciso dormir adecuadamente. El sueño es imprescindible para la supervivencia, de ahí que los expertos en salud recomienden todo cuanto redunde en una mejora de la calidad del sueño. Sin embargo, no sólo se trata de dormir algo más, sino de no extralimitarse, pues demasiadas horas también son perjudiciales. Con todo, la cantidad necesaria de sueño para descansar varía de una persona a otra. A la mayor parte de la gente le basta con siete horas, aunque hay quien requiere nueve e incluso quien se encuentra bien si sólo duerme cinco. Por irónico que pueda parecer, la mera preocupación de no dormir lo suficiente hace que muchas personas padezcan de insomnio. Sin embargo, no todo el período de sueño es uniforme, sino que se divide en varias fases, de las cuales la más importante es la conocida como REM (siglas de la expresión *rapid eye movement*, «movimiento rápido del ojo»), ya que está relacionada con la actividad onírica.

El estrés es una de las causas principales de los trastornos del sueño. Muchas personas pasan las noches en vela, dando vueltas en la cama una y otra vez, pensando en sus problemas o en lo que les deparará el futuro hasta, finalmente, caer rendidas para levantarse completamente cansadas al cabo de unas horas.

En el caso de que le cueste conciliar el sueño, quizás le sean de ayuda los consejos siguientes:

* Asegúrese de que lleva una vida ordenada. Antes de irse a la cama, tómese un vaso de leche caliente, ya que contiene triptofano, una sustancia que lo ayudará a dormir.
* Dese un baño y, si lo considera conveniente, recurra a algún tipo de esencia o aceite aromático.
* Evite dormir durante el día.
* No tome ninguna bebida que incluya cafeína. El café, en exceso, puede afectar su comportamiento nocturno.
* Absténgase de las cenas demasiado copiosas.
* Asegúrese de que ha practicado algo de ejercicio durante el día. A ser posible, conviene que dedique un rato por la tarde o al anochecer a estos menesteres.
* Si lo considera necesario, repita los ejercicios de relajación que se han comentado antes.
* Asegúrese de que el lugar donde va a dormir es lo más plácido y agradable posible. La temperatura no debe ser ni demasiado alta ni demasiado alta. Además, conviene que desconecte todos los aparatos eléctricos que pueda haber a su alrededor.
* Dele la vuelta al despertador, de manera que la esfera quede de espaldas a usted. De este modo, podrá olvidarse de la hora y dormir a pierna suelta.

En el caso de que no pueda dormir por culpa de algún suceso traumático, quizás deba esforzarse un poco más por sentirse cómodo y seguro en su dormitorio. Para ello, por ejemplo, puede asegurarse de que puertas y ventanas están completamente cerradas.

Hay quien considera que todo se resuelve cambiando la orientación de la cama o redecorando el dormitorio. A veces da resultado, sobre todo si se eliminan objetos que producen disgusto o malestar, o que incluso puedan causar algún sobresalto en el caso de que la persona se despierte. De todas maneras, es mejor perfumar la habitación con aromas delicados, como la lavanda, cuyos efectos balsámicos relajan y ayudan a conciliar el sueño.

Si no puede conciliar el sueño tres cuartos de hora después de haberse acostado, intente entretenerse de alguna manera. Por ejemplo, lea un libro. Tras veinte o veinticinco minutos, vuelva a la cama e intente dormir. Repita el proceso tantas veces como sea necesario. Lo importante es que, de una manera inconsciente, asocie la cama con el hecho de dormir.

Algunas personas tienen pesadillas tras algún incidente traumático. En esos casos, conviene que sigan estas indicaciones:

- Escriba la pesadilla en tercera persona (por ejemplo, «John se ahogaba») y luego, en primera («me ahogaba»). Repita el ejercicio tantas veces como sea necesario hasta que comience a aceptar lo soñado.
- Medite acerca de los posibles significados del sueño. Quizás se trate del recuerdo distorsionado de algún acontecimiento traumático o bien de una secuencia de hechos inconexos y absurdos.

- Piense en la manera en que usted podría cambiar el transcurso del sueño. Por ejemplo, si usted cae en una trampa, quizás puede echar mano de algún objeto con el que liberarse. Una vez haya dado con la solución más acertada, imagínela varias veces.

- Antes de ir a dormir, mientras se acuesta y cierra los ojos, rememore de nuevo la secuencia.

- Prométase que, si ese sueño vuelve a repetirse, usted hará todo lo posible por cambiar el final.

Quizás deba repetir el ejercicio en varias ocasiones antes de que comience a dar resultados. No estaría de más que puntuase con una escala del cero al ocho cada una de las pesadillas que tenga. Aunque no desaparezcan, el hecho de que cada vez sean menos intensas es todo un progreso que, a buen seguro, le reconfortará.

Olvídese de la ansiedad

Las cuatro etapas del cambio

Siempre que se aprende algo nuevo, ya se trate de navegar por la red o de la manera más adecuada de cambiar de prejuicios o hábitos poco recomendables, se sigue una secuencia de acontecimientos que podrían compendiarse de la siguiente manera y que se conocen como *las cuatro fases de aprendizaje de Robinson:*

Fase 1	Fase 2	Fase 3	Fase 4
Incompetencia inconsciente	Incompetencia consciente	Competencia consciente	Competencia inconsciente

Primera fase: incompetencia inconsciente

«No sé lo que es y no puedo hacerlo.»

Usted se siente mal y desconoce la causa.

Segunda fase: incompetencia consciente

«Comienzo a darme cuenta de que, en algunas ocasiones, me dejo llevar demasiado por ciertas ideas negativas, pero no sé si podré hacer algo para evitarlo.»

Durante esta etapa, usted es consciente de lo que ocurre, pero ignora cómo cambiar la situación. Se trata de una fase de concienciación en la que, por ejemplo, usted descubre las causas de sus estados de ansiedad, aunque todavía no ha descubierto la manera de evitarlos.

Tercera fase: competencia consciente

«Ya sé cómo hacerme cargo de la situación y puedo cambiarla a mi favor siempre y cuando no baje la guardia.»

Usted ha aprendido ciertas técnicas con las que hacer frente a cuantos imprevistos pudiesen surgir en su vida cotidiana. Sin embargo, todavía le cuesta aplicarlas con naturalidad.

Cuarta fase: competencia inconsciente

«A veces caigo en la cuenta de que he resuelto problemas sin hacer apenas ningún esfuerzo.»

A medida que ponga en práctica sus nuevas habilidades, descubrirá que cada vez lo hace de un modo más inconsciente. Por decirlo así, usted «pondrá el piloto automático» y se comportará con completa naturalidad.

Los cambios, no obstante, requieren tiempo, constancia y, sobre todo, la confianza en el hecho de que cualquier acción, por pequeña que sea, si se realiza a tiempo, puede cambiar la marcha de los acontecimientos.

¿Vale la pena ser optimista?

Las personas optimistas encaran la vida con ánimo, siempre procuran encontrar los aspectos positivos de cualquier situación y restan importancia a los más negativos. Los pesimistas, por su parte, tienden a pensar que los optimistas son bobos y éstos, a su vez, que los otros son poco menos que depresivos crónicos. Los resultados de las últimas investigaciones llevan a pensar que tanto el optimismo como el pesimismo tienen un factor genético. Sin embargo, hay pruebas de que el ambiente influye en la persona de una manera más o menos decisiva. No en vano, tal como se ha explicado en capítulos precedentes, el comportamiento se adquiere y ello vale tanto para los optimistas como los pesimistas.

Asimismo, existen estudios que demuestran que ser optimista reporta múltiples ventajas. Por ejemplo, se dice que las personas que encaran la vida con ilusión viven más y con una felicidad mayor.

Con todo, cuando se padecen crisis de ansiedad, es difícil plantearse un cambio de actitud y más si se trata de afrontar la vida con optimismo. Sin embargo, conviene intentarlo. El siguiente ejercicio le ayudará a iniciar el proceso.

EJERCICIO

Situaciones en las que se experimenta optimismo o pesimismo.

1. En un bloc, apunte los nombres de dos personas en cuya compañía hace que se sienta más optimista.
2. Piense en dos situaciones en las que usted se siente mejor y busque las causas.
3. Apunte los nombres de dos personas con las que se siente más pesimista y razone el porqué.
4. Intente recordar dos situaciones en las que usted se haya temido lo peor y recapacite sobre los motivos que lo abocaron al pesimismo.

Eche un vistazo a las respuestas. ¿Aprecia algún tipo de relación entre ellas que le permita aventurar alguna pauta de comportamiento? Por ejemplo, ¿su carácter depende de las personas con las que se encuentra en un instante determinado?

El pesimismo es agotador, aunque por fortuna puede manejarse. De hecho, si se lo propone, usted tiene la posibilidad de cambiar su manera de pensar. Tan sólo deberá esforzarse un poco.

Además de estas dos clases de personas, podría distinguirse una tercera formada por quienes, desengañados, se preparan siempre para lo peor o, sencillamente, abandonan toda esperanza. Se trata de personas que no creen que pueda ocurrir nada bueno porque sí. Aunque se las podría tachar de derrotistas, muchas veces logran sus propósitos gracias a su esfuerzo y tesón, por lo que quizás les cuadraría mejor el marbete de *pesimistas a la defensiva*. No cabe duda de que su postura da resultados. Si usted tiende a pensar de este modo, está claro que forma parte de este grupo. De todas maneras, tenga en cuenta que seguirá siendo un pesimista...

El ejercicio de la página siguiente le ayudará a aumentar su optimismo.

¿Los pensamientos pueden convertirse en algo real?

Toda nuestra vida puede resumirse en nuestro esfuerzo por dar sentido a cuanto nos rodea. Interpretamos los mensajes recibidos y decidimos cuál es la manera más adecuada de adaptarse al entorno. En algunas ocasiones, no damos demasiada importancia a lo que ocurre y, en otras, quizás nos extralimitamos. En ambos casos, optamos por una actitud u otra sin darnos cuenta de que se trata tan sólo de una posibilidad entre muchas. Si fuésemos conscientes de ello, y de que existen varias soluciones para un mismo problema, es muy posible que todo nos fuese mejor.

EJERCICIO

Maneras de acrecentar el optimismo.

a) Prepare una lista con las tres mejores cosas que le han ocurrido durante el día. No tiene por qué tratarse de éxitos absolutos, sino de situaciones u obligaciones que usted haya resuelto mucho mejor de lo que esperaba.

b) Cuando se deje llevar por el pesimismo, haga un esfuerzo por pensar en algo positivo.

c) Prepare una lista de buenos propósitos y repítalos mentalmente (por ejemplo, «puedo controlar mi ansiedad», «puedo cambiar mi manera de pensar», etc.).

Observe la figura 3. ¿No le recuerda a un hombre tocando el saxofón? ¿O quizás el rostro de una enigmática mujer?

Tal vez haya visto tan sólo una de las dos imágenes, si es así, esfuércese por ver la otra. La vida es similar a este sencillo juego. Basta con cambiar el punto de vista para darse cuenta de que la realidad puede ser completamente distinta. Por desgracia, no siempre es tan sencillo, si bien el tiempo, la paciencia y el esfuerzo pueden obrar maravillas.

Figura 3. ¿Es el rostro de una mujer o un hombre tocando el saxo?

¿Hasta qué punto dependo de mis creencias?

Allá por la década de 1950, un grupo psicólogos identificó un conjunto de creencias que todos solemos aplicar a nuestra vida cotidiana. Por lo que respecta a las experiencias traumáticas, existen tres que nos permiten recuperarnos con bastante rapidez:

- Sólo los demás pasan por apuros;
- la vida tiene un propósito;
- en un caso de emergencia, obraré de la manera correcta.

Cada una de estas presunciones da pie a diversos problemas. Por ejemplo, *no sólo* los demás pasan por apuros, sino más bien todo lo contrario: un mal día puede tenerlo *cualquiera*. No hace falta echar mano de las estadísticas para demostrar que *incluso las buenas personas se equivocan de vez en cuando o deben hacer frente a las adversidades.*

Por otra parte, cuando nos vemos tentados a creer que la vida tiene un propósito claro, nos quedamos sin palabras a la hora de explicar cómo es posible que ocurran desastres y matanzas sin motivo aparente. Por mucho que nos concentremos en buscar las causas, la mayor parte de las veces no sabremos qué responder.

En cuanto a las personas que creen obrar siempre de la manera más justa cuando es necesario, deberían recapacitar un poco para cerciorarse de que, incluso en esas situaciones, es muy fácil equivocarse y comportarse de una manera completamente distinta a la que habían previsto.

Como ya se ha comentado en páginas anteriores, algunas de esas reacciones obedecen a resortes inconscientes y, al parecer, poseen una base biológica. Cuando nos hallamos en una situación en la que nuestra vida corre peligro, el organismo activa un sistema de alarma que conduce, invariablemente, al estrés. Gracias a ese mecanismo, huimos a toda prisa de la amenaza o, por el contrario, echamos cuerpo a tierra. Sea como fuere, resulta a todas luces imposible que alguien pueda predecir a ciencia cierta cómo se comportará llegado el momento.

Los seres humanos tienden a echar mano de esas y otras creencias para guiarse en su vida cotidiana. Por ejemplo, no es raro escuchar afirmaciones del tipo: «iré a trabajar y, luego, volveré a casa, como siempre», o: «estoy seguro de que hoy será un día como otro cualquiera». Ojalá fuese así, pero la realidad no obedece a nuestros deseos, sino más bien todo lo contrario, ya que debemos esforzarnos por adaptarnos a situaciones que, en muchos casos, nos obligan a comportarnos de manera frenética.

57

Buena parte de las creencias que utilizamos a diario las aprendimos durante nuestra infancia. Si queremos conocernos mejor, deberemos observarlas con más atención.

Pensamientos errados

Dos personas llegan tarde a una cita a causa de un atasco inesperado. Una, consciente de que ya no se puede hacer nada, telefonea a quienes lo esperan para avisarles del retraso y, después, busca en el dial su emisora favorita. La otra, en cambio, manotea nerviosa y no deja de lamentarse en voz alta por la injusta suerte que tiene. A medida que pasa el tiempo, se impacienta más y más, y comienza a preocuparse por lo que pensarán los demás de ella sin reparar en que podría hacer una llamada desde su móvil. Como ve, ambas se encuentran en la misma situación, pero cada una de ella reacciona de una manera muy distinta.

Al igual que sucede con otras muchas cosas en nuestra vida, no siempre se actúa del modo correcto. Con más frecuencia de la que sería deseable, tendemos a considerar los hechos equivocadamente, sin reparar en las consecuencias y, sobre todo, sin buscar una posible solución que, de paso, nos mantuviese libres de toda ansiedad.

Pensamientos acertados

Tan fácil como ABC

Uno de los modelos más empleados en *Terapia Cognitiva Conductual* es el denominado *ABC,* que permite relacionar los pensamientos suscitados por una situación determinada con los sentimientos y las acciones que generan.

A	B	C
Situación	Pensamientos basados en creencias	Consecuencias
Le han invitado a una fiesta	*No sabré de qué hablar y todos pensarán que tengo algún problema*	sentimientos *(ansiedad)*
		acciones *(no iré)*

Pensamientos negativos

Buena parte de nuestro pensamiento se desarrolla de forma automática o, por decirlo de un modo más técnico, inconsciente. Ya se habrá dado cuenta de que todo cuanto se le pasa por la mente simplemente *se le ocurre*, esto es, aparece de la manera más inesperada. De hecho, el proceso recuerda mucho al modo en que reaccionamos ante la música de ambiente: la oímos, sabemos que está ahí, pero no le prestamos demasiada atención.

Por desgracia, las malas ideas o los pensamientos negativos también afloran con tanta facilidad. Se los podría comparar con esos insectos que no dejan de atosigarnos y que, pese a no ser excesivamente dañinos, sus picaduras nos molestan durante varios días. Por lo general, esos pensamientos suelen ser muy molestos en la medida en que afloran en los momentos más inesperados y es difícil desactivarlos. Conviene tener en cuenta que nuestra manera de pensar es el producto de muchos años de experiencia, por lo que no será fácil cambiar, y mucho menos de la noche a la mañana. Si no lo ha intentado antes, verá que se trata de una tarea que exige un gran esfuerzo.

Tipos de pensamientos negativos

Existen varias clases de pensamientos negativos. A continuación se detallan los más comunes, si bien existen tantos como personas hay en este mundo.

Todo o nada

Usted se toma las cosas a la tremenda: o algo es bueno o es malo; o está bien o está mal; o resulta un completo éxito o un rotundo fracaso. Tal vez en más de una ocasión se haya comprometido a realizar tareas que logra realizar a duras penas y que le dejan un poso amargo o quizás le ocurra todo lo contrario y el miedo le impida aceptar nuevos retos.

Por ejemplo:

- Usted ha planeado la organización de un acontecimiento social hasta el más mínimo detalle y, a pesar de que todo ha salido realmente bien, alguien deja caer un comentario que no le sienta demasiado bien y acaba por sentirse la persona más inútil del mundo.

- Por razones que no vienen al caso, ha decidido ponerse a dieta. Un buen día, descubre con horror que se ha zampado dos galletas de más y reacciona de inmediato con un sentimiento de culpabilidad tal que piensa en tirar la toalla mientras no deja de reprocharse su inconstancia.

EJERCICIO

Si piensa que usted opta con demasiada facilidad por los planteamientos basados en *todo o nada,* anote en su diario dos situaciones en las que haya reaccionado de esa manera e incluya asimismo todo cuanto se le haya pasado por la cabeza en ese preciso momento.

Sacar conclusiones con demasiada facilidad

A menudo pensamos que todo está demasiado claro y nos dejamos llevar por la intuición. Suponer que las conclusiones a nuestros problemas deben aparecer de inmediato es tan ingenuo como creer que se tienen poderes telepáticos y que es posible leer la mente de los demás. Por muy negativo que sea usted, no dé crédito a su pesimismo si no quiere convertirse en su propia ave de mal agüero.

- Imagine por un momento que debe hacer cualquier clase de observación acerca de un proyecto en curso. De pronto, se da cuenta de que sólo se ha fijado en los aspectos más negativos. De hecho, comienza a pensar en las consecuencias de esos errores de una manera casi obsesiva. Su nerviosismo va en aumento y, sin saber cómo, todo se viene abajo, tal como había previsto.

* Acude tarde a una cita y teme que la persona que le espera –y a la que no conoce– esté a punto de perder la paciencia. «Se habrá enfadado –piensa–. No me extraña. Total, seguro que no le interesa ni lo más mínimo lo que pueda presentarle.» Sin embargo, usted ignora que, precisamente, esa persona acaba de recibir una mala noticia que la ha dejado tan conmocionada que apenas repara en su retraso. Por desgracia, su temor le impide explicarse con la claridad que debiera y la situación es cada vez más incómoda para los dos. Al final, el encuentro es un fracaso.

EJERCICIO

Antes de tomar cualquier decisión, recapacite por unos instantes. Tome su diario y anote dos situaciones en las que usted se ha dejado llevar por el derrotismo. Al igual que en el caso anterior, escriba todo cuanto se le ocurra en ese momento.

Filtro mental

No todo se arregla con una actitud fría y distante –aunque es una buena manera de comenzar–: es preciso dotarse de un buen sistema de razonamiento que nos permita *tamizar* cualquier idea o emoción y evaluar las ideas negativas en su justa medida.

Piense por un momento en las dos situaciones siguientes:

- Una amiga le comenta cuánto le aprecia. Le gustan tantas cosas de usted... Y no sólo le gusta, sino que también se preocupa: le gustaría mucho que se cuidase un poco más. Usted, en lugar de tomarse el comentario como una señal de aprecio, lo considera una crítica negativa.

- Usted desea aprender una lengua, pero recuerda los problemas que tuvo en la escuela con el inglés. Por si fuera poco, le da por hacer un recuento bastante negativo de su experiencia académica y concluye que no vale la pena matricularse en ningún curso porque no le servirá de nada.

EJERCICIO

Si cree que recurre con demasiada frecuencia a esa clase de *filtros mentales,* anote dos casos en que usted los haya empleado y, a continuación, escriba todo cuanto se le ocurra en ese preciso momento.

No se olvide de lo positivo...

En más de una ocasión, se habrá dado cuenta de que su manía de pasar por alto todo cuanto usted hace bien tan sólo sirve para que sea más y más infeliz. No lo haga, saboree uno de los mayores placeres que nos brinda la vida.

Fíjese, por ejemplo, en estos dos casos:

- Se ha esforzado mucho para superar su ansiedad. Un buen día, mientras piensa en la posibilidad de asistir a una fiesta familiar y pasar un buen rato con todo el mundo, se dice: «Bah, tampoco tiene tanta importancia. Al fin y al cabo, a esos sitios va todo el mundo».

- Ha estado muy atareado durante todo el día. Aunque ha logrado solventar buena parte de las tareas que se había programado, se le han quedado algunas por hacer. Sin darse un respiro, sentencia: «Las cosas no han salido como pensaba».

EJERCICIO

En el caso de que usted considere que opta con demasiada facilidad por obviar todo cuanto hace de positivo, anote en su diario dos situaciones en las que haya reaccionado de esa manera e incluya asimismo todo cuanto se le haya pasado por la cabeza en ese preciso momento.

Razonamiento emocional

Por alguna extraña razón, tendemos a pensar que nuestros sentimientos y emociones se corresponden con la realidad de los hechos. Dicho de otro modo, cuando nos sentimos mal, podemos creer se debe a que nuestro comportamiento no ha sido todo lo correcto que cabría esperar.

Tal vez le resulten familiares estas dos situaciones:

- Nada más presentarse en la reunión, se da cuenta de que hay personas a las que no conoce. De inmediato, le da por pensar que están mejor preparadas que usted y que no tardarán en descubrir todos sus defectos.

- Acaba de cometer un error y piensa: «Me he vuelto a equivocar. No tengo remedio».

EJERCICIO

Si cree que se deja llevar demasiado por sus emociones, tome su diario y anote dos situaciones en las que se haya comportado de esa manera. Al igual que en los casos anteriores, escriba todo cuanto se le ocurra en ese momento.

Demasiadas etiquetas

¿A veces ha pensado que es un *inútil*, un *metepatas* o, sencillamente, un *gafe?* Tenga cuidado, pues cuanto más vueltas le dé, más se convencerá de que usted es así.

Vea si no las siguientes situaciones:

- Como usted no se esforzó cuanto debía en la escuela, ahora se siente poco menos que un fracasado.
- Acaba de cometer un error y lo primero que se le ocurre es «¡qué idiota soy!».

EJERCICIO

Si cree que recurre con demasiada frecuencia a esa clase de etiquetas, anote dos casos en que usted los haya empleado y, a continuación, escriba todo cuanto se le ocurra en ese preciso momento.

Culparse por todo

Cuando algo no sale como usted deseaba, se responsabiliza de todo lo ocurrido y tiende a pensar que tiene la culpa de todo.

Fíjese en la situación siguiente:

* Suponga que debe organizar una excursión. Se acerca el día y todavía quedan algunos cabos sueltos porque sus amigos no se han puesto de acuerdo. Algunos, incluso, se han mostrado algo molestos, por lo que usted ha pensado que quizás no era la persona más adecuada para ocuparse del encargo. «Soy un inútil –se reprocha–. Debería haberme esforzado más. Ahora todo el mundo cree que he hecho el ridículo.»

EJERCICIO

En el caso de que se haya identificado con la situación anterior, tome su diario y anote dos situaciones en las que se haya comportado de esa manera. Al igual que en los casos anteriores, escriba todo cuanto se le ocurra en ese preciso instante.

Generalizaciones

En determinadas ocasiones, tiende a extraer conclusiones demasiado generales sobre usted o cualquier otra persona.

Piense, por ejemplo, en esta situación:

* El nuevo plan de contabilidad lo trae de cabeza. En un momento dado, comete un error casi sin darse

cuenta y, sin saber por qué, piensa: «Soy incapaz de hacer algo bien».

• A causa de un fracaso sentimental, no desea conocer a nadie más. Ha llegado a la conclusión de que no se puede fiar de nadie.

EJERCICIO

Si cree que tiende a generalizar demasiado, tome su diario y anote dos situaciones en las que se haya comportado de esa manera. Al igual que en los casos anteriores, escriba todo cuanto se le ocurra en ese preciso instante.

Conveniencias y obligaciones

Su vida está llena de cosas que debe o le conviene hacer. Quizás recurra a expresiones como *tendría que* o *tengo que* para motivarse. Sin embargo, es probable que, por mucho que lo repita, no pueda con todo y, además, acabe por sentirse peor. En algunos casos, incluso, tales palabras pueden emplearse como una forma para exculparse o declinar responsabilidades –piense, si no, en frases como «Fulano debería saberlo» o «Mengano tiene que hacer lo que yo digo»–. De hecho, cuando utilizamos este tipo de frases para referirnos al comportamiento de los demás, da la sensación de que sabemos perfectamente lo que está bien y lo que está mal.

Veamos los ejemplos siguientes:

• Pasa buena parte de su tiempo con pensamientos como: «No debería inquietarme por esas cosas a mi edad. Tendría que preocuparme por los demás».

- Se encuentra en una situación un tanto delicada y piensa de inmediato: «Debo apretar un poco más. He de poder con todo».

EJERCICIO

En el caso de que usted considere que tiende a prejuzgar a los demás o a establecer demasiadas obligaciones, anote en su diario dos situaciones en las que haya reaccionado de esa manera e incluya, asimismo, todo cuanto se le haya pasado por la cabeza en ese preciso momento.

Catastrofismo

Cuando recurrimos a ese tipo de pensamiento acabamos haciendo una montaña de un simple grano de arena. De hecho, el derrotismo llevado hasta el último extremo se convierte en la mejor manera de empeorar las cosas. Ciertas personas muestran una rara habilidad para dotar a sus palabras de una carga emotiva tal, que es muy fácil deducir de ellas consecuencias poco menos que desastrosas.

Véase, si no, estos dos ejemplos:

- Antes de concluir la jornada, su jefe le comenta que desearía hablar con usted al día siguiente. Se pasa el resto del día y parte de la noche dándole vueltas a la cabeza e imaginando lo peor.
- Se le ha olvidado realizar el encargo que su amigo le encomendó hace unos días. No se trata de nada grave, pero para usted es poco menos que el fin del mundo.

EJERCICIO

Si cree que tiende a pensar de manera catastrófica, anote dos casos en que usted los haya empleado y, a continuación, escriba todo cuanto se le ocurra en ese preciso instante.

Si desea liberarse de esas ataduras mentales que le causan tantas crisis de ansiedad, deberá hacer un acopio de valor para enfrentarse a su propio pesimismo. Considere el derrotismo como un enorme dispendio, un derroche innecesario de energía que hace sin pensar, como una de esas compras impulsivas de las que tanto nos arrepentimos luego. Piense en el esfuerzo que le ha costado ganar cada céntimo que tiene en el bolsillo. Su energía emocional es un bien escaso que debe gastar con cuidado. Tenga en cuenta que, tarde o temprano, sobrevendrá una crisis para la que deberá echar mano de sus reservas. Imagine que, por cualquier razón, ha de realizar una reforma en su casa —cambiar la calefacción central, por ejemplo—. Si tiene algo de dinero ahorrado, sus angustias serán menores y se lo tomará con más calma. Lo mismo sucederá en el caso de que estalle una crisis emocional.

Revise sus pensamientos

Si recapacita un poco y pone por escrito sus planes y propósitos, tendrá más probabilidades de realizarlos con éxito. Para ello, deberá comprarse un cuaderno y consignar todo cuanto se le ocurra. Será la mejor manera de controlar la situación además de dejar constancia de sus progresos. Tenga en cuenta que, por el mero hecho de reunir toda esa información, cuando sobrevenga alguna complicación, podrá echar mano de sus experiencias pasadas y cerciorarse de que, a pesar de tantas dificultades, usted es mucho mejor de lo que era antes. Piense que todo el mundo tiene un mal día y que nada es sencillo. Si trazase una gráfica, podría comprobar que su trayectoria no es ni mucho menos una línea recta ascendente, pero tampoco otra en franco descenso. Las oscilaciones que pudiere haber indicarían tan sólo los reveses que padecemos a lo largo de nuestra vida. Sin embargo, no se conforme con su situación: aprenda a sobreponerse y combata el derrotismo. Para ello, prepare una tabla como la que aparece a continuación. Le servirá para saber hasta qué punto se deja llevar por el pesimismo y, sobre todo, a detectar las posibles causas.

Pensamientos negativos

Situación	Derrotismo	Actos y sentimientos	Respuesta	Soluciones
A	B	C	D	E

Ver ejemplo completo en la página siguiente.

Haga frente a sus temores

Antes de dejarse llevar por sus ideas, busque pruebas en las que basar sus juicios. Si es de los que cree que siempre se equivocan, piense en todas las ocasiones en las que logró hacer algo bien. En el caso de que no confíe demasiado en sus propias conclusiones, pregunte a los demás si se guían por sus creencias o bien se limitan a actuar sin más.

Ejemplo completo

Situación	Derrotismo	Actos y sentimientos	Respuesta	Soluciones
A	B	C	D	E
Invitación a una fiesta	*No conozco a nadie. No me relaciono bien con la gente. No sé qué decir y todo el mundo pensará que me aburro* **RETOS** **Empíricos** *¿Existe alguna evidencia que me lleve a pensar que todo el mundo creerá que me aburro?* **Lógicos** *¿Realmente no me relaciono bien con la gente porque no me gusta asistir a las fiestas?* **Pragmáticos** *¿Esas ideas me ayudan a ser más feliz o todo lo contrario?*	**Ansiedad**	**Empírica** *En absoluto. No hay ninguna razón para suponer que los demás piensen que me aburro. De hecho, si les pregunto por alguna cuestión personal, les demostraré que me intereso por ellos.* **Lógica** *Cada día me relaciono con gente nueva en el trabajo y no pasa nada. Si me porto del mismo modo en la fiesta, todo irá de acuerdo con lo previsto.* **Pragmática** *Venga, que no es el fin del mundo.*	Si planifico un poco las cosas, todo saldrá según lo previsto. Si recurro a las mismas técnicas que utilizo en el trabajo y pregunto a todos cómo les va, les demostraré que me intereso por ellos. Si no fuese a la fiesta, tan sólo demostraría que tengo miedo a asumir ciertos retos. Nunca lograré sentirme mejor si no me enfrento a mis inseguridades.

Evite las generalizaciones

Quiérase un poco más. Pregúntese qué diría a un amigo que se encontrase en su misma situación. ¿No le parece un poco extraño que a menudo mostremos más cariño hacia los demás que hacia nosotros mismos?

No se comprometa demasiado

En lugar de plantearse obligaciones inamovibles, establezca un orden según la conveniencia de tal o cual acción. Huya de los verbos condicionales. Cuando se dice habría que hacer algo, se da a entender que todo el mundo –usted también– debería acatar sus designios. Por ejemplo, una aseveración del tipo «me gustaría que las cosas siempre salieran bien» significa «tengo que hacerlo todo bien». No se desespere: no hay nada malo en desear algo así, pero debe comprender que el mundo no es como queremos y que nada se consigue por el mero hecho de desearlo.

Olvídese del todo o nada

Cuando tenga la sensación de que comienza a decantarse por un extremo, procure regresar al punto medio. Por ejemplo, ¿qué tal si divide su trabajo en varias fases? ¿Ha hecho algo que no le satisface demasiado? Bien, dese un respiro y piense en algo que haya hecho bien.

Ponga a punto su filtro mental

Póngalo a prueba anotando cada día tres buenas acciones que haya podido realizar o bien tres hechos positivos que le hayan sucedido. Haga un esfuerzo por captar algún comentario positivo sobre usted. En el caso de que todo cuanto oye le parezca negativo, piense si tal vez usted no es demasiado susceptible.

Valórese más

Cuando esté a punto de echar tierra sobre lo que ha hecho con la excusa de que «no cuenta», deténgase y dese un buen capón. Después, enumere en voz alta todo aquello que le gusta de usted. Por ejemplo, diga «me encanta mi manera de hablar».

Rechace etiquetas

Cuando le dé por tratarse de inútil, inepto o, directamente, imbécil, pregúntese qué quiere decir con estas palabras. Al fin y al cabo, ¿acaso nadie comete errores? Uno puede equivocarse en un examen, pero no por ello fracasa. Procure ver el lado positivo de la vida...

El ejercicio de la página siguiente (figura 4) puede serle muy útil. Tome una hoja de papel y dibuje una enorme *y* griega que representará a su yo. Luego, en su interior, escriba otras más pequeñas. Cada una de ellas responderá a un aspecto de su personalidad del que se siente satisfecho («soy una persona amable», «cocino bien», «tengo sentido del humor», etc.).

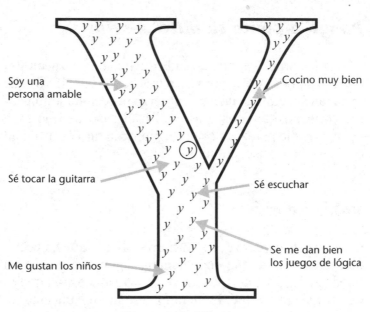

Figura 4. Del Yo al yo

No se culpe por todo

Antes de buscar las razones más extrañas para echarse la culpa de los errores que usted o cualquier otro pudieran haber cometido, dibuje un gráfico como el de la página siguiente. Piense en todos los factores que intervienen en la situación y cuántas personas han intervenido. Fíjese en que usted forma parte de un sistema mucho mayor y que, en consecuencia, no puede responsabilizarse de todo.

Tras dilucidar a quién corresponde cada acción y qué relación mantiene usted con el resto de las partes, asigne un porcentaje a cada una de las áreas o de las personas que haya identificado. A continuación se detallan algunas preguntas que pueden ayudarle a resolver este ejercicio.

74

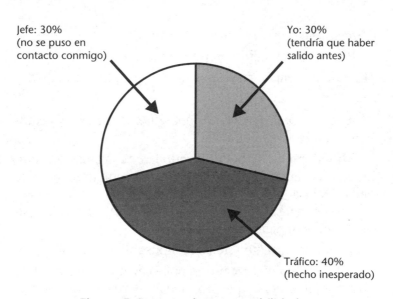

Jefe: 30%
(no se puso en
contacto conmigo)

Yo: 30%
(tendría que haber
salido antes)

Tráfico: 40%
(hecho inesperado)

Figura 5. Reparto de responsabilidades

¿Cuál es la situación?

Me siento mal porque mi jefe se ha enfadado conmigo por llegar tarde a una cita con un cliente. Le he explicado que ha sido por culpa del tráfico, pero continúa pensando que le he fallado.

¿Qué ha hecho?

He intentado ponerme en contacto con él, pero me saltaba el buzón de voz. En vista de ello, he telefoneado a una compañera, pero no ha respondido. Finalmente, me he puesto en contacto con la empresa a la que me dirigía y he dejado un mensaje en recepción.

¿Hasta qué punto ha sido culpa suya?

Podría haber salido un poco antes.

(En consecuencia, su responsabilidad se limita al 30%.)

¿Hasta qué punto todo ha dependido de las circunstancias o de terceras personas?

Mi jefe podría haber aplazado la cita. Yo habría cambiado mis planes con mucho gusto. Sin embargo, no hizo nada. Habría bastado con que me telefonease o hubiese dejado un mensaje en mi contestador para ver si era posible llegar a un acuerdo.

(Visto lo cual, su jefe es responsable en un 30%.)

Además, volcó un camión en la carretera y se produjo un embotellamiento que provocó numerosas retenciones.

(Tráfico: culpable en un 40%.)

No caiga en el catastrofismo

Preste atención a su manera de hablar. Procure rebajar el tono de voz y, sobre todo, quítele emotividad. Las cosas no son tan horribles, ni tan desastrosas, ni mucho menos una pesadilla, lo cual no significa que no haya problemas o dificultades que puedan traernos de cabeza. Haga un esfuerzo por utilizar palabras más mesuradas y pregúntese, llegado el momento, qué es lo peor que podría sucederle.

Ante todo, la vida

Algunas personas tienen una idea bastante negativa de sí mismas. Por ejemplo, hay quien se considera inútil, inepto, malo, antipático o poco atractivo. Esa imagen repercute en nuestra vida cotidiana.

Si usted cree que todo le sale mal, hará todo lo posible por eludir situaciones en las que, de una manera u otra, debe asumir responsabilidades. El miedo al fracaso le obligará a emprender una huida perpetua, a escabullirse de cualquier modo para evitar las críticas. «Mis amigos me animan a que presente mi candidatura a un puesto de responsabilidad, pero si lo hago, la gente se dará cuenta de lo mal que trabajo y me retirará la palabra.» Evidentemente, tiene todo el derecho a quedarse en casa, dar todo por perdido de antemano y llevar una vida mediocre y desgraciada. Sin embargo, también cabe la posibilidad de que tome las riendas de su vida y se arriesgue.

Quienes se mueven entre generalizaciones más o menos groseras tienden a obviar los pequeños logros y centrarse sólo en las victorias absolutas, lo cual no sólo les impide disfrutar de cada una de las fases de un proyecto, sino que también se exponen a sufrir mucho más cualquier revés que eche por tierra sus planes. De hecho, si usted presta demasiada atención a sus debilidades, acabará por creer que no vale absolutamente nada. Olvídese de sus prejuicios acerca de lo que debería ser. Los estándares no sirven de mucho en estos casos.

Una persona que sólo se sienta segura cuando evita cualquier problema puede verse abocada a una crisis de ansiedad si se ve obligada a afrontar una situación conflictiva. No en vano considera cualquier reto como poco menos que un juicio sumarísimo. Su autoestima es tan

77

baja, que llega a pensar que, si se relaciona demasiado con los demás, tarde o temprano acabará por mostrar su propia identidad y todo el mundo la despreciará. De ahí que sea tan importante que usted se esfuerce por identificar todos esos prejuicios que le impiden madurar y adoptar las medidas necesarias para superarlos.

Por lo general, esas falsas creencia son producto de su trato cotidiano. En su mayor parte, se han generado a partir de juicios e impresiones que proceden de:

- La familia,
- los amigos,
- el mundo en general.

Como verá, la tarea no es sencilla, pues esa manera de pensar es el fruto de varios años de condicionamiento. No obstante, conviene que se ponga manos a la obra cuanto antes.

Exigencias que pueden complicarle la vida

A grandes rasgos, pueden distinguirse tres tipos de exigencias que pueden complicarnos la vida. Son los siguientes:

- *Exigencias para con uno mismo* («no puedo fallar»). Generan estrés, ansiedad, vergüenza y sentimientos de culpa.

- *Exigencias para con los demás* («no aceptaré ningún fallo; de lo contrario, me olvidaré de ti»). Tan sólo despiertan la ira.
- *Exigencias para con el mundo* («todo debería ser mucho mejor»). Tarde o temprano, conducen a la autocompasión, la depresión o, incluso, a las adicciones.

Cuando haya identificado esas exigencias, podrá adoptar las medidas necesarias para enfrentarse a sus propios miedos y hacer todo lo posible por superarlos. Al fin y al cabo, se trata del mismo trabajo que hizo a la hora de desechar sus prejuicios e ideas negativas.

EJERCICIO

Para ayudarle a identificar esas molestas obligaciones y, de paso, las creencias en las que se basan, complete las siguientes oraciones:

Debo	[seguidores], pues de lo contrario [seguidores]
	(Por ejemplo, «debo ser más eficiente, pues de lo contrario no valdré nada».)
Debes	[seguidores], pues de lo contrario [seguidores]
	(Por ejemplo, «debes aceptar mis puntos de vista, pues de lo contrario harás que me equivoque y todo se irá al traste».)
El mundo debe	[seguidores], pues de lo contrario [seguidores]
	(Por ejemplo, «el mundo debería ser más benevolente conmigo, pues de lo contrario mi vida será un desastre».)

No sea demasiado exigente

A veces, nos ponemos tantas exigencias que, sin saber cómo, nada parece salir como debiera. Enfréntese a sus propios miedos y libérese de tantas ataduras. Tenga en cuenta los siguientes consejos:

- Considere las implicaciones de sus exigencias tanto en lo que a usted se refiere como a las personas que tiene a su alrededor.
- Reflexione sobre el modo en que esas exigencias entran en funcionamiento, en especial en lo que a pensamientos, emociones y tipos de comportamiento se refiere.
- Observe la manera en que se materializa esa exigencia y la experiencia en que se basa.
- Considere las ventajas y desventajas que puede acarrear el hecho de pasar por alto esas exigencias.
- Busque una manera más adecuada de expresar sus exigencias. A veces, basta con cambiar una palabra para que todo parezca distinto.
- Piense en el modo en que usted suele llevar a cabo tales tareas y procure dar con otro más eficaz.

¿Y si no logra identificar esa exigencia, pero sospecha que existe?

En alguna ocasión se habrá sorprendido diciendo frases como «¡sería horrible!» o «eso no estaría bien». Quizás una afirmación de esa clase no le diga mucho e incluso la considere inofensiva. No se deje llevar por las apariencias: muchas veces, bajo esas palabras se oculta un pensamiento negativo que puede acarrearle bastantes problemas, por lo que deberá tomar cartas en el asunto de inmediato si quiere dejar de sentirse tan mal.

Si usted se viera en un caso semejante, hágase las preguntas que se detallan más abajo y, como si se tratase de una prospección arqueológica, rastree el origen de esa creencia. En algunas ocasiones, vale la pena comenzar por esa idea insidiosa que no nos abandona para, poco a poco, seguir el hilo que nos lleva hasta el problema en sí. Una vez que haya descubierto todos los eslabones que componen la cadena, tendrá que analizarlos uno a uno para desmontar ese mecanismo que le atenaza.

Fíjese en el ejemplo siguiente:

Situación: le han ofrecido la posibilidad de trasladarse a otro departamento en el que tendrá un mejor puesto de trabajo. Sin embargo, usted rechaza la propuesta de inmediato.

Sensación: ansiedad.

Pensamientos: «no debería hacerlo nunca», «nunca podré lograrlo».

1 Pregunta: «¿Por qué me da miedo aceptar ese trabajo?»
Respuesta: «Porque no me siento capaz.»
2 Pregunta: «Supongamos que sea cierto. ¿Qué quieres decir con eso?»
Respuesta: «Que todo el mundo me tomará por tonto.»

3 Pregunta: «Y, en el caso de que sea así, ¿qué crees que pasaría?»
Respuesta: «Me convertiría en el hazmerreír de la empresa.»

4 Pregunta: «¿Y qué?»
Respuesta: «¡Sería horrible!»

5 Pregunta: «¿Qué sería horrible?»
Respuesta: «Que pensasen que soy incapaz de realizar esas tareas.»

6 Pregunta: «¿Crees que pensarán eso?»
Respuesta: «Sí, se darían cuenta enseguida y no duraré demasiado en ese puesto.»

7 Pregunta: «¿Qué quieres decir con eso de que no durarás demasiado?»
Respuesta: «Lo mejor será que no me arriesgue. Así me evitaré más problemas.»

Gracias a esta breve introspección, usted podría dar con la razón oculta de sus inseguridades: el miedo a fracasar y de hacer el ridículo ante los demás.

En resumen

Una de las mejores maneras de hacer frente a sus tendencias derrotistas consiste en ver la relación que existe entre su modo de pensar, las exigencias y obligaciones que se impone a usted mismo y esas creencias que subyacen de manera inconsciente. Tenga en cuenta que, precisamente, ese conjunto de creencias determina su personalidad y le empuja a considerarse una mala persona, perezosa e inepta.

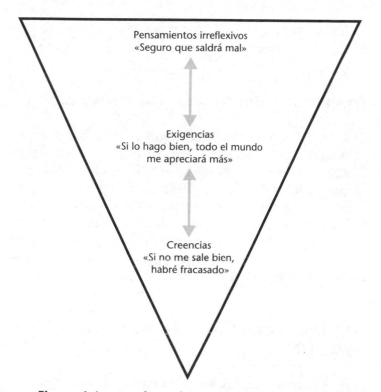

Figura 6. Las tres fases de un sistema de creencias.

Buena parte de esas ideas afloran con gran rapidez en determinadas situaciones. Por ejemplo, cuando alguien nos propone hacer algo que no nos parece bien y, en cambio, pensamos «de todos modos, hay que ser servicial con todo el mundo». Asimismo, tenga mucho cuidado con esas reglas que se basan en una estructura condicional («*si* hago las cosas bien, *entonces* todos tendrán un buen concepto de mí») o que resulten excesivamente reduccionistas («mejor no me presento al puesto; *seguro que* no estaré a la altura y *todo* saldrá mal»).

En la figura 6 puede ver un sencillo esquema en el que se detallan las tres fases de ese modelo de pensamiento.

Aprenda a aceptarse tal como es

Los consejos de las páginas siguientes se basan en los principios de la Terapia Racional Emotiva Conductual (TREC) desarrollada por Albert Ellis. Con ellos se pretende ayudar al paciente a que se acepte tal como es. Si se encuentra en una situación parecida, necesitará mejorar la imagen que tiene de usted mismo y, para ello, deberá aprender a gustarse. No se trata de una tarea fácil, pero verá cómo poco a poco confiará más en sus propias capacidades y evitará las crisis de angustia.

Algunos consejos que pueden ayudarle

- Recuerde que los seres humanos no somos perfectos, *incluido usted*. No hay nadie que sea fuerte ni inteligente ni eficaz ni mucho menos bueno al cien por cien. Si pasa la mayor parte de su vida pensando que la perfección existe, es muy probable que el mal humor, la infelicidad, el estrés e incluso el miedo se apoderen de usted y acabe por deprimirse. Evidentemente, no hay nada malo en preocuparse por hacer bien cualquier tarea y tener éxito en los estudios, el trabajo, la amistad, el amor o la familia, pero debe tomárselo con cierta filosofía y, sobre todo, realismo: sea exigente; no perfeccionista.
- Asimismo, todos somos iguales, a pesar de que algunos parezcan mejores que otros. De hecho, se

puede tener talento y no por ello ser una buena persona. Deje de compararse con los demás, pues esa manía tan sólo le acarreará sentimientos de inseguridad, nerviosismo, resentimiento y desazón. Si admira a alguien por una razón determinada, no pasa nada: piense en las cualidades que le gustaría tener e intente adoptarlas en la medida de lo posible. Imitar implica pasar de la mera comparación, que siempre es pasiva, a la puesta en marcha de un proyecto personal. Piense además que, pese a las diferencias que pueda hallar entre su modelo y usted, todos los seres humanos partimos de una base común y que, si nos atenemos al significado estricto de las palabras, ninguna persona es mejor que otra.

- No existe una clasificación *universal* de la bondad o la maldad humanas. Es más, nadie es bueno o malo en términos absolutos. Las buenas personas cometen injusticias de vez en cuando e incluso las más malvadas tienen un gesto de conmiseración en algunas ocasiones. Si usted cree que se comporta de la manera adecuada, adelante. Y si se equivoca, no dude en disculparse, pero siempre dejando bien claro que ha obrado de la manera que usted consideraba más adecuada. Es más, del mismo modo que por una buena obra nadie se convierte en santo, usted no será un demonio por haber hecho algo de lo que, en un futuro más o menos cercano, se arrepentirá. Recuerde que si se compara continuamente con todos cuantos le rodean, acabará por amargarse la vida y estropear su relación con los demás.

- Tenga cuidado con las generalizaciones. Como habrá visto en las páginas 68-69, no conviene prestar demasiada atención a algunos aspectos de nuestro comportamiento, ya que podemos caer en exageraciones peligrosas («como suelo sentir miedo con bastante facilidad, soy más débil que los demás»). Si desea controlar sus crisis de ansiedad, debe considerar que sus errores o flaquezas *forman parte* de su propia naturaleza, pero no lo son todo. Por ejemplo, piense que, pese al miedo que siente ante las situaciones de peligro, usted siempre opta por enfrentarse a los hechos y salir adelante. Procure prestar a cada problema la atención que se merece. Si no fuese así, malgastará un tiempo y una energía preciosos. Y no olvide que las personas que confían en sí mismas nunca escurren el bulto.

- Mida las palabras: de vez en cuando es mejor emplear formas de condicional (*lo haría* si...) que expresiones de obligatoriedad (*tengo que* hacerlo). No se trata de evitar responsabilidades, sino de no crear falsas expectativas.

- Aceptarse a uno mismo no es una tarea sencilla, pues requiere esfuerzo, constancia y, sobre todo, seriedad. Sin embargo, los resultados suelen ser excelentes.

Por otra parte, también necesitará lo siguiente:

- Aprenda a respetarse. Usted vale tanto como los demás.

- Adopte un estilo de vida más sano, pero no caiga en excesos: ni el trabajo ni el ejercicio son buenos en demasía. Quizás se trate de la mejor manera de evitar las crisis de ansiedad. Con todo, prescinda en su dieta de alimentos y productos que puedan aumentar su nerviosismo, como los que incluyen cafeína

–que, como ya sabrá, estimula la secreción de adrenalina.

- Asegúrese de que sus relaciones sociales son estables y satisfactorias. Cultive las amistades y los contactos, y nunca cierre las puertas de su casa a nadie a quien quiera o aprecie. Devuelva el cariño que le dan y, sobre todo, encuentre siempre el tiempo necesario para atender a quien lo necesita.

- Establezca unos objetivos que le permitan mejorar su calidad de vida y, de paso, reducir la ansiedad. Cuando llegue el momento de hacer su examen de conciencia anual, felicítese por cuanto haya logrado cumplir y ponga por escrito los propósitos que desea cumplir para el año siguiente. Decida qué quiere cambiar y cómo puede conseguirlo. Procure desarrollar nuevas habilidades y, sobre todo, confíe un poco más en usted.

- Tenga en cuenta que esos cambios no se dan de la noche a la mañana. Enfrentarse a los propios miedos e inseguridades lleva más tiempo del que se piensa y exige un esfuerzo y una perseverancia notables. Seguramente todo esto no le será novedoso, pero nunca está de más recordarlo.

- Dese un capricho, dedíquese algo de tiempo, aprenda a mimarse. Si le preocupa tanto agradar a los demás, ¿por qué no lo intenta primero con usted?

- Recuerde que su vida depende de usted. Es demasiado fácil echar la culpa a otros, a la «mala suerte» o al universo entero. Sin embargo, la situación en la que se encuentra es el resultado de ciertas decisiones que *usted ha tomado*. No se convierta en una víctima y evite caer en la autocompasión. Un susto a tiempo nunca viene mal y, si obra con la prudencia y la elegancia necesarias, siempre encontrará a alguien en quien confiar sus desdichas. De todos modos, no pierda demasiado tiempo quejándose. De la preocupación al derrotismo hay sólo un paso.

Piense por un momento en si existe algo que pueda servirle como excusa a la hora de eludir ciertas responsabilidades, por ejemplo, el hecho de permitir que otros decidan por usted le evita cometer errores y, además, le proporciona la coartada perfecta para culpar a los demás de cuanto le pase.

Aprenda a valorarse más

En el caso de que usted se haya perdido la confianza, deberá hacer un esfuerzo para descubrir esas virtudes que a buen seguro tiene. Si no lo ve claro, vuelva a la página 74 y realice el ejercicio «Del Yo al yo». Y no se olvide, además, de responder a las preguntas siguientes:

- *¿De qué soy capaz?*
- *¿Qué es lo que más me gusta de mí?*
- *¿Qué me ha enseñado la vida?*
- *¿Cómo me describirían los demás?*
- *¿Qué obstáculos debería superar para ser mejor?*

Las bondades del examen de conciencia

Un examen de conciencia le permitirá identificar aquellos aspectos de su vida que le convendría cambiar. Por lo general, debería hacerlo cada año, si bien no está de más revisarlo cada tres o cuatro meses. De este modo podrá desarrollar al máximo todo cuanto le hace sentirse mejor y saber con certeza qué le perjudica. Una vez haya terminado, esfuércese por cambiar su situación, especialmente en las áreas más problemáticas. Tenga en cuenta que se trata de un ejercicio imprescindible, pues se trata de la única manera de establecer a ciencia cierta qué hay de bueno y de malo en usted y, sobre todo, qué puede hacer para aumentar su felicidad. Quien padece de ansiedad suele abandonarse y ceder ante cualquier complicación, rehuyendo cualquier responsabilidad. El examen de conciencia de la página siguiente le ayudará a recobrar el control.

Distracciones

Existen algunas técnicas de distracción que pueden resultar de gran ayuda en momentos de preocupación, sobre todo a la hora de evitar ciertas ideas que le perturben o minen sus fuerzas. Tan sólo debe olvidarse de cuanto suceda a su alrededor. Quizás le cueste conseguirlo, pero verá cómo esos síntomas que preceden a las crisis de ansiedad tienden a desvaírse hasta desaparecer. Una de las mejores maneras de conseguirlo consiste en hacer un pequeño esfuerzo por pensar en cualquier asunto que no tenga nada que ver con el motivo de sus preocupaciones.

89

EJERCICIO

Anote todo cuanto le gusta o le disgusta acerca de los siguientes puntos:

• Lugar de residencia (piso, casa, área urbana, etc.)
• Familia (hijos, esposa, cuñados y parientes varios)
• Relaciones personales (socios, compañeros de trabajo, etc.)
• Ocio y vida social (amigos, aficiones, etc.)
• Trabajo (ocupación actual, aspiraciones futuras, etc.)
• Economía (liquidez, ahorros, inversiones, planes de jubilación, etc.)
• Salud (dieta, ejercicio, modos de atajar el estrés, etc.)
• Estado emocional (objetivo en la vida, proyectos futuros, etc.)

EJEMPLO

Trabajo

Pros	Contras
Compañeros de trabajo	Hacer siempre las mismas tareas
Cerca de casa	No saber qué decir en las reuniones
Despacho amplio	

A continuación, revise todo cuanto ha escrito en la segunda columna y piense en qué podría hacer para superarlo. Tenga en cuenta que es el mejor modo de dar el primer paso.

ACTIVIDADES

Trabajo

Motivo de desagrado	Solución
No saber qué decir en las reuniones	Preparar las intervenciones con anterioridad

Es muy probable que esta solución no sea nueva para usted e incluso quizás la haya puesto en práctica en más de una ocasión.

No obstante, conviene tener en cuenta que, a grandes rasgos, pueden distinguirse tres clases de distracción:

1. Preste atención a algún detalle de su entorno: la edad de las personas que se encuentran en la misma sala, una conversación ajena, la decoración... o limítese a contar objetos.

2. Haga un poco de ejercicio físico: limpie, ordene, planche la ropa... cualquier tarea, por banal que le parezca, le será de gran ayuda.

3. Ponga a prueba sus capacidades mentales: recite el alfabeto o las tablas de multiplicar del derecho y del revés, resuelva crucigramas o sudokus... Da igual si se equivoca. Lo importante es entretenerse un rato.

¿Cómo mantener las emociones a raya?

Cómo desarrollar nuestra inteligencia emocional

La inteligencia emocional, pese a su nombre, poco tiene que ver con lo que solemos denominar *inteligencia* –de hecho, no siempre las personas con el coeficiente intelectual más alto son las que se relacionan mejor–. A grandes rasgos, esa cualidad podría definirse como la habilidad que posee alguien de manejar sus emociones y, en cierto modo, las de quienes lo rodean en aras de una buena convivencia. Si usted fuese capaz de conocerse un poco mejor, es muy probable que lograse dominar sus arrebatos de ansiedad.

Para ello, habrá que desarrollar ciertas destrezas que, para una mayor comodidad, se han agrupado en cinco apartados.

Identifique sus emociones

Las personas *inteligentes* desde un punto de vista emocional poseen un conocimiento bastante profundo de sí mismas y saben cómo hacer partícipes a quienes conviven con ellas de todas sus experiencias. Una buena manera de conseguirlo pasa por la identificación de sus estados de ánimo más frecuentes.

EJERCICIO

Cómo identificar las emociones

1. Lea las dos columnas que figuran más abajo y escoja las palabras que considere le describen mejor.
2. ¿Por qué ha elegido esas palabras y no otras?
3. Si quisiera cambiar las palabras negativas por otras positivas, ¿qué debería hacer?

Emociones positivas	Emociones negativas
Empatía	Furia
Cariño	Ansiedad
Felicidad	Celos
Alegría	Posesividad
Interés	Rencor
Entusiasmo	Envidia
Calidez	Resentimiento

Controle sus emociones

Pese a todos los consejos que puedan darle, no es fácil controlar las emociones, incluso para las personas más preparadas. Por ejemplo, ¿qué pasa si ha tenido un mal día y se le presenta a última hora un problema que está a punto acabar con sus nervios? ¿Intenta olvidarse de todo y darse un baño relajante? ¿Telefonea a un amigo para charlar un rato? ¿Procura ver una de sus películas preferidas? Ninguna de estas soluciones son malas –todo lo contrario–, pero ¿qué ocurriría si el problema afecta a más personas? Su equilibrio emocional depende también de su relación con los demás y en más de una ocasión deberá encontrar la manera más adecuada de motivarse a usted mismo... y a quienes le rodean.

EJERCICIO

Cuide sus propias emociones

Recapacite durante unos instantes y anote las dos maneras que usted considera más eficaces para apaciguar sus estados de ansiedad (por ejemplo, tomar un baño relajante, telefonear a un amigo, etc.) y otras dos con las que evitaría un problema con otra persona (animarla a que exprese su malestar, mostrarle sus cualidades, etc.).

Controle las emociones de los demás

Pese a lo que pudiera pensarse, no se trata de dominar a nadie ni de obligarlo a realizar algo en contra de su voluntad. Muchas personas pierden un tiempo precioso obsesionadas con buscar las causas que las han llevado a esa situación sin pararse a pensar que lo mejor en estas situaciones consiste en hacer precisamente todo lo contrario: olvidarse de todo y tirar adelante. Las personas más *inteligentes* desde un punto de vista emocional han desarrollado la capacidad de captar todos aquellos detalles que les permiten hacerse una idea de lo que sienten quienes las rodean. Para ello recurren a ciertas habilidades, como la empatía, para hacerse una idea de las ideas y sensaciones que pueden tener los demás y comportarse de un modo lo menos conflictivo posible, en aras de buscar soluciones que permitan reafirmar la conciencia de grupo. Con todo, la empatía no es una panacea: existen muchos casos en que una persona aquejada de ansiedad ha llegado a esa situación tras haberse preocupado más de la cuenta por los problemas de los demás y no ha sabido prestar atención a sus propios intereses.

EJERCICIO

¿Cómo podría mostrar mi buena disposición hacia los demás?

Piense por un momento en aquellas personas o situaciones en las que usted ha experimentado una conexión especial. Esa habilidad para presentir lo que nuestro interlocutor puede estar pensando o sintiendo se denomina *empatía*. Haga una lista con los nombres de sus amigos y recapacite sobre la manera más eficaz de relacionarse con ellos. Reflexione por qué los valora tanto y escriba todas las razones por las que desearía mantener su amistad.

Ahora, prepare otra lista con todas las maneras que considera a su alcance para demostrar su aprecio por esas personas (por ejemplo, prestarle atención a todo cuanto hace o dice, o bien emplear ciertas palabras que le gusta oír).

Motívese usted mismo

Hay veces en que ciertas emociones se cruzan en nuestro camino y nos impiden avanzar. En algunas ocasiones, es mejor dejar por un momento lo que estemos haciendo y dedicarnos unos minutos. Muchos de nosotros solemos olvidar que esos arrebatos son algo más que un trastorno pasajero y que posiblemente constituyan uno de los primeros síntomas de un problema mucho mayor. Quienes padecen de ansiedad procuran salir del paso de la peor manera, casi siempre porque temen enfrentarse a sí mismos, no porque carezcan de una estrategia definida.

EJERCICIO

¿Cuándo se debe recurrir a la motivación?

Piense en dos situaciones en las que usted o alguna de las personas a las que conoce se hayan sentido motivados de una manera especial. ¿Cómo ha salido del paso? ¿Qué ha hecho para controlar esas emociones y sacarles todo el partido posible? Tome papel y lápiz, y anote sus ideas de la manera siguiente:

Situación 1

Qué pasó.
Qué hice.

Situación 1

Qué pasó.
Qué hice.

Mantenga una relación sana con los demás

La vida ofrece la posibilidad de establecer un sinfín de relaciones con quienes nos rodean, por lo que no estaría de más que se dedicasen unos minutos a considerar cuáles son los comportamientos y actitudes que nos permiten disfrutar de la compañía de nuestros amigos, familiares y compañeros, así como de las que pueden convertirlas en un auténtico calvario.

EJERCICIO

Modos de crear una relación positiva

Escriba tres maneras distintas de cultivar una buena relación (telefonear a los amigos con regularidad, recordar fechas señaladas o estar siempre disponible cuando tienen un problema).

Valórese usted mismo y a los demás

¿Cómo se sentiría si le pidiesen...?

a) Que escriba las cinco cosas que usted mejor hace.
b) Que escriba las cinco cosas que mejor le han ido y con las que se ha sentido más satisfecho.

Probablemente, la primera propuesta le parecería mucho más sencilla que la segunda. Muchas personas no reconocen el poder que tiene un elogio o una felicitación dichos a tiempo. La segunda propuesta se centra precisamente en esa clase de situaciones.

Hay quien teme que una cierta autocomplacencia o magnanimidad para con los demás acabará tarde o temprano por arruinar cualquier proyecto. Sin embargo, existen pruebas incontestables de que los niños a los que se critica continuamente poseen poca autoestima e incluso llegan a evitar cualquier intento de mejora, ya que la mera idea de cometer un error les provoca una gran angustia.

El éxito conduce al éxito y cada vez que usted u otra persona hace algo bien –aunque sea un poco bien– y se reconoce su esfuerzo, se da un paso más para liberarse de la ansiedad.

EJERCICIO

Felicitaciones pasadas
Complete las siguientes oraciones:
1. La última vez que me enorgullecí de algo fue...
2. La última vez que felicité a alguien fue...
Felicitaciones futuras
Piense en dos cosas por las que usted debería felicitarse y complete las oraciones siguientes:
1. Me sentiré orgulloso cuando...
2. Creo que me sentiré mejor si...

EJERCICIO

Mi epitafio
Ahora escriba la frase con la que le gustaría ser recordado. Aquí tiene la mía, por si le sirve de inspiración:

«Vivió con entusiasmo, se preocupó por los demás sin lamentarse nunca y, pese a sus muchos miedos, siempre dio la cara. Por todo ello se la recuerda con cariño.»

¿Qué se siente tras haber escrito el propio epitafio? Relea de nuevo el texto y piense en si las palabras que ha escogido se corresponden con la realidad. Si no fuese así, no piense en que ha mentido, sino en lo que debe hacer en su vida para hacer que se conviertan en verdad.

Qué hacer con las emociones ajenas

Si usted posee la capacidad de percibir y comprender las emociones de otras personas, podrá influir en sus decisiones. Sin embargo, esa habilidad implica ciertas tareas que no siempre se aprenden de la noche a la mañana.

1. Interprete el lenguaje corporal

Los gestos, los visajes, el tono de voz aportan una gran cantidad de información acerca de las emociones y las sensaciones de quienes nos rodean. No sólo cuentan las palabras, sino la manera en que se dicen y, sobre todo, el modo en que nuestro cuerpo las acompaña. Las personas que padecen de ansiedad tienden a ocultarse –fíjese en cómo desvían la mirada hacia el suelo o intentan pasar desapercibidas para que nadie repare en ellas.

2. Escuche cuanto le digan

¿Por qué se han empleado unas palabras y no otras? En algunas ocasiones, alguien puede expresarnos sus propios sentimientos («temo equivocarme al tomar una decisión tan importante»). Si usted cree que su manera de hablar puede influir en quienes le rodean, ¿tiene alguna idea de lo que piensan los demás de usted? ¿Y de lo que dicen?

3. Utilice su empatía

Esta cualidad, como se ha visto en las páginas anteriores, nos permite ponernos en el lugar de otra persona. Ciertas expresiones, como «por lo que dices, pareces estar muy triste» o «imagino que estarás muy preocupada».

Cómo afrontar un arrebato emocional

Las emociones fuertes pueden afectar tanto a las personas que las experimentan como a las que en ese momento se encuentran a su lado. No en vano, en más de una ocasión hemos experimentado una cierta vergüenza al vernos en el trance de exteriorizar nuestros sentimientos o bien al presenciar cómo otros lo hacían.

La ansiedad, la ira y cualquier otra emoción sentida de manera más o menos violenta pueden alterar nuestro ánimo con gran virulencia. En algunas ocasiones, incluso perdemos el control, como cuando se experimenta el pánico. Convivir con una persona que padece crisis de ansiedad no es fácil ya que, en mayor o medida, se acaban contagiando el miedo y la inseguridad. Por eso no es raro que, en ciertos casos, una relación acabe por enfriarse.

Sin embargo, es posible controlarlas. Basta con conocerse un poco mejor y admitir que, en determinadas situaciones, se corre el peligro de perder la compostura. Si se procuran controlar esos molestos arrebatos, no tardará demasiado en desarrollar un mecanismo que impida que estallen en el momento más inoportuno.

Hay quien cree que ocultar las emociones es malo y que, en consecuencia, se deben exteriorizar sin tener en cuenta a los demás. Por lo general, quienes opinan de ese modo hacen gala de una inteligencia emocional bastante pobre y creen que son más sinceras que el resto de la gente. En absoluto: se trata, simplemente, de lo que antiguamente se consideraba una muestra de mala educación. El melodramatismo no siempre surte efecto.

Con todo, existen situaciones en las que es imposible domeñar esas emociones, como cuando se recibe una pésima noticia o se es objeto de un violento ataque.

EJERCICIO

¿Cuándo fue la última vez que experimentó una emoción tan fuerte?

Piense en la última vez en que usted sintió una crisis emocional. ¿Qué pasó? ¿Cómo se sintió? ¿Qué hizo en aquel momento? ¿Logró sobreponerse? Tras haber escrito sus impresiones, reflexione por un momento sobre lo ocurrido. ¿Habría hecho lo mismo ahora? Puede ordenar sus ideas de acuerdo con el esquema siguiente:

a) Qué ocurrió.

b) Cómo se sintió en ese momento.

c) Cómo reaccionó.

d) Cómo salió del paso.

e) Qué habría hecho de ocurrirle ahora.

¡No dé la espalda al problema!

En vista del ritmo de vida actual, no es demasiado difícil caer en las garras de la ansiedad. Para evitarlo, no hay que bajar nunca la guardia. Prepare una lista de todas aquellas cosas que, por una razón u otra, ha dejado por hacer. Aplazar ciertas obligaciones tan sólo causa problemas... y aumenta la ansiedad hasta cotas casi intolerables. En el caso de que usted haya preparado una lista con un montón de tareas y no sabe por dónde empezar, establezca una gradación que vaya del cero al diez –en la que el primero corresponda a lo fácil y el último a lo realmente difícil– y puntúe cada una de ellas. Por ejemplo, acudir a un curso nocturno no supone demasiado esfuerzo, por lo que podría ponerle un tres; terminar el dichoso informe para el que nunca tiene tiempo, un cinco; y programar las próximas vacaciones, un siete.

Una vez haya preparado la lista, preste atención a las tareas incluidas en la franja que va del tres al siete y olvídese del resto, pues las que hayan obtenido una puntuación mayor le resultarán, por el momento, demasiado complicadas y las otras, tan fáciles que apenas deberá preocuparse por ellas.

Haga un esfuerzo por apreciar los resultados de su trabajo. Piense en lo que usted *ha hecho* y no en lo que debiera haber hecho. De este modo, podrá evaluar con mayor ecuanimidad el trabajo realizado y descubrir qué le ha permitido cumplir con sus objetivos.

Si el balance no fuese todo lo positivo que desearía, no se desespere. Todo el mundo tiene días malos y, en algún momento de su vida, ha tenido la sensación de que el trabajo realizado no ha servido para gran cosa. En lugar de desesperarse, procure anotar en su diario un informe detallado de lo ocurrido y reflexione sobre las consecuencias positivas y negativas que han tenido sus decisiones. Es preciso que aprenda a valorar sus progresos de la manera más realista posible.

Póngase en marcha

El ejercicio físico no sólo le permite ponerse en forma, sino que además le ayudará a mantener sus emociones a raya. Tal como atestigua una gran cantidad de investigaciones, el entrenamiento diario, por breve que sea, tiene efectos muy positivos. Camine un par de kilómetros o suba y baje por las escaleras al menos durante media hora. Al ponernos en movimiento, el organismo produce ciertas sustancias químicas que reducen los niveles de adrenalina provocados por el estrés y mejoran nuestro estado de ánimo.

Evite los sentimientos de culpabilidad

En algunas ocasiones, la ansiedad viene acompañada de un lacerante sentimiento de culpabilidad. Sin embargo, tal sentimiento no existe, sino que se trata de un proceso mental. Cuando afirmamos que nos sentimos culpables, por lo general queremos indicar lo siguiente:

• Usted ha incumplido alguna de sus reglas («debo comportarme siempre con amabilidad y preocuparme por los demás antes que por mí mismo»).

• Usted sólo piensa en lo que ha hecho o ha dejado de hacer («debería haberme imaginado que le desagradaría»).

Esa clase de sentimientos de culpabilidad se deben tanto a *comportamientos* que usted pueda haber tenido, como a *decisiones* que quizás haya tomado. Las reglas forman parte del código moral que rige nuestras vidas y según las cuales el fruto de nuestro esfuerzo es algo más que un mero resultado cuantitativo.

Hay quienes se sienten culpables por el mero hecho de estar vivos. En muchas ocasiones, incluso somos incapaces de explicar las causas de ese sentimiento y es muy probable que no podamos liberarnos si no cambiamos nuestra manera de pensar y de relacionarnos con el mundo.

Todos cometemos errores y, en la medida de lo posible, debemos solucionarlos. Hay casos, sin embargo, en que la tarea es más complicada de lo que parece, pues el sentimiento de culpa es tan fuerte que nos sentimos completamente incapaces de afrontar las tareas o frecuentar a las personas o los lugares que nos traen malos recuerdos.

No obstante, puede hacer frente a sus remordimientos de las maneras siguientes:

● Indague cuáles son las causas de ese sentimiento de culpabilidad.

● Piense en si, de haber actuado de otra manera, usted se encontraría en la misma situación.

● Reflexione acerca del modo en que sus creencias influyen en su estilo de vida y, sobre todo, en la posibilidad de cumplirlas a rajatabla pase lo que pase.

● Recuerde el siguiente refrán: «hasta el mejor escribano echa un borrón».

● Examine su manera de pensar e intente rastrear cualquier atisbo de derrotismo, tal como se muestra en la página 70.

● Recuerde que, como cualquier otro ser humano, puede equivocarse.

● Si se da cuenta de que puede cambiar algo para que mejore la situación, no lo dude: hágalo.

● No escurra el bulto: no sólo no mejorará las cosas, sino que se sentirá peor.

● Aprenda a perdonarse. La indulgencia no es una excusa, sino una elección moral.

Vuelva a realizar el ejercicio «Del Yo al yo» que se incluye en la página 74 y, luego, tome nota de su parte positiva de acuerdo con los resultados del gráfico sobre responsabilidades que aparece en la página 75. De este modo, sabrá a qué atenerse y, sobre todo, de qué debe sentirse responsable.

Pros y contras

No es fácil cambiar de hábitos, y más cuando se han mantenido durante mucho tiempo. Quizás por ello nunca está de más analizar los pros y los contras que conlleva comportarse de una manera determinada.

Al final de este párrafo encontrará un modelo de análisis que le ayudará a poner en orden sus ideas. En la columna izquierda se detallan los beneficios tanto emocionales como prácticos que le supondría mantener un cierto comportamiento mientras que, en la derecha, se hace lo mismo con los problemas que le acarrearía.

Ejemplo de análisis
Nombre: Inocencio Delicado   Fecha: 7 de marzo de 2008
Situación: *Me cuesta tomar decisiones por temor a equivocarme*

PROS	CONTRAS
• Si no decido, no yerro	• Ansiedad
• Evito discusiones	• Dejo que los demás tomen decisiones que no siempre me gustan
• Nadie se enfada conmigo	• Me siento inútil

Tras haber completado ambas columnas, usted estará en disposición de decidir con mayores garantías lo que desea hacer con su vida. No obstante, para cambiar, antes tendrá que cerciorarse de qué necesita realmente.

Seguridad

La seguridad en nosotros mismos nos permite preguntarnos con la mayor sinceridad posible por nuestras necesidades y sentimientos, así como por lo que pueda convenir a los demás. Por desgracia, muchos creen que el hecho de poseer un alto grado de seguridad en uno mismo significa mirar al resto del mundo con displicencia, lo cual es completamente falso, ya que no se trata de ganar a cualquier precio, sino más bien todo lo contrario: quien se siente seguro de sus actos obra con plena responsabilidad y evita situaciones en las que alguien pudiera salir perjudicado. Asimismo, la seguridad aumenta la capacidad de persuasión. Por ello no es extraño que muchas facultades y centros educativos organicen cursillos y seminarios para desarrollarla. En el capítulo siguiente encontrará más información al respecto.

Las personas aquejadas de ansiedad suelen ser demasiado pasivas, de ahí que necesiten ponerse manos a la obra cuanto antes para recuperar la seguridad en sí mismas.

Humillación y vergüenza

Quizás se sienta avergonzado porque cree que ha incumplido alguna de sus reglas de oro. Si considera que su comportamiento ha podido causar algún contratiempo a amigos, familiares o compañeros de trabajo, es probable que no esté demasiado orgulloso consigo mismo. De todos modos, no se apure demasiado, recuerde lo dicho acerca del catastrofismo en el capítulo anterior. Como recordará, que algo sea *horrible*, o no, depende de cómo se

109

haya comportado usted. No en vano, esa palabra suele emplearse a la hora de juzgar las carencias de una persona. Piense en frases como: «Sería horrible que todo el mundo se diese cuenta de mi indecisión. ¿Qué pensarían de mí?».

Quienes son vergonzosos por naturaleza tienden a evitar a aquellas personas o aquellos lugares que ponen en evidencia sus limitaciones y carencias.

La humillación suele ir aparejada con la idea de que, por una razón u otra, se ha producido una pérdida de estatus y además responde a unos mecanismos muy parecidos a los que generan sentimientos de culpa y vergüenza, sobre todo cuando vienen motivados por una cierta preocupación acerca de lo que otras personas pueden pensar de nosotros o de nuestro trabajo.

Cómo afrontar esos sentimientos

Hágase las siguientes preguntas:

- ¿Hay alguna razón de peso para creer que alguien lo minusvalora? Y si fuese así, ¿a qué puede deberse? (Recuerde que siempre puede echar mano de las tácticas descritas en el capítulo anterior.)
- ¿Pensaría lo mismo de alguna persona que hubiese actuado de esa manera en idénticas circunstancias?

Si ha respondido negativamente en ambos casos, ¿por qué se considera responsable de algo a lo que, de haberlo hecho otra persona, usted no le daría tanta importancia?

110

Preocupaciones

No son pocos quienes se inquietan por todo, hasta el punto de convertir su vida en un continuo motivo de preocupación. La ansiedad, tal como se ha visto en las páginas precedentes, hunde sus raíces en el miedo. Piense por un momento en la posibilidad de que su pareja se sometiese a algún tipo de reconocimiento médico: ante tal tesitura, sería comprensible que usted sintiese un cierto temor hasta saber los resultados. El miedo no es malo en sí mismo, todo depende de la intensidad con la que se experimente. Si se da con una cierta moderación, no hay de qué preocuparse. El problema surge cuando se padecen ataques de pánico, pues indican que la persona sufre de un cuadro grave de ansiedad.

Cómo afrontar las preocupaciones de manera constructiva

Ante todo, debe tener en cuenta lo siguiente:

- El 39% de las cosas que le preocupan nunca han sucedido.
- El 31% de las cosas que le preocupan han sucedido en muy raras ocasiones.
- El 21% de las cosas que le preocupan carecen de importancia.
- Sólo el 9% de las cosas que le preocupan merecen realmente la pena.

111

De todos modos, no se desentienda de cuanto le rodea: preocuparse no es malo en sí mismo y, además, por paradójico que pueda parecer, nos ayuda a ser más felices.

Recuento de preocupaciones

Tome una hoja de papel y copie la tabla siguiente:

PREOCUPACIONES DEL DÍA	
1. Cosas que pueden pasar	**2. Cosas insignificantes**
El tren puede llegar con retraso. *Quizás no tenga tiempo suficiente para terminar mi informe.*	*Podría romperme una uña mientras arreglo el jardín.*
3. Cosas que han pasado	**4. Cosas importantes**
Le he comentado a un compañero que no puedo ayudarlo porque tengo demasiado trabajo.	*Tenemos que hablar sobre nuestra situación económica. No creo que nuestros planes de pensiones sean tan buenos como pensábamos.*

Rellene las tres primeras casillas antes de irse a dormir. Deje la cuarta para otro momento en que disponga de más tiempo y tranquilidad.

No olvide que los problemas no se resuelven a base de preocuparse mucho, sino haciendo algo que permita avanzar. Si usted no toma una decisión cuanto antes, los hechos terminarán por imponerse y, con ellos, una solución que tal vez no sea la más adecuada para sus intereses. Por ello, tendrá que optar bien por tomar el control de la situación –en la medida de lo posible–, o bien por dejarse llevar. Como ve, de un modo u otro debe elegir.

Relajación

En el caso de que sienta una agitación nerviosa mayor de lo habitual, le irá bien practicar ciertos ejercicios de relajación. Como ya habrá visto en capítulos anteriores, hay diversas maneras de recuperar la calma. Algunas requieren ponerse en movimiento mientras que otras se basan tan sólo en la modificación del ritmo respiratorio o en técnicas de visualización. En algunas ocasiones, es preciso que disponga del tiempo necesario para tumbarse o, por lo menos, interrumpir sus quehaceres. Este simple ejercicio de respiración puede realizarse en cualquier momento y situación sin que nadie se dé cuenta. De este modo, usted podrá poner coto a sus crisis de ansiedad y reducir, de paso, los efectos negativos de la adrenalina y recuperar la calma. A buen seguro recordará los consejos que se han dado al respecto unas páginas más atrás para mantener el control. Pues bien, a partir de este momento, usted contará con todo lo necesario para administrarse los «primeros auxilios» y evitar que el problema vaya a mayores.

Qué hacer en casos de emergencia

Además de cuanto se detalla a continuación, también conviene tener en cuenta los consejos dados anteriormente en la página 39.

- Para empezar, inspire con energía durante unos cuatro segundos.
- Espire durante unos cinco segundos, procurando vaciar los pulmones por completo.

113

• Mientras lo hace, distienda los hombros.

Controle el ejercicio con los músculos del estómago. Al inspirar, relaje el diafragma y al espirar, ténselo como si empujase la masa de aire desde el abdomen. De este modo, logrará una respiración mucho más profunda y notará los efectos con mayor rapidez.

Quienes sufren crisis de ansiedad tienden a respirar de manera entrecortada, algo que no sólo impide que el oxígeno llegue a los pulmones en la cantidad deseada, sino que, además, produce una molesta sensación de mareo acompañada de la fatiga resultante de realizar un sobreesfuerzo y, sobre todo, de lo que se conoce como hiperventilación.

Hiperventilación

La denominación de este fenómeno se refiere a un proceso de respiración *excesiva* que muchas veces se desencadena de manera inconsciente. Por ejemplo, cuando se corre para no perder el autobús o se realiza una actividad que requiera más oxígeno de lo habitual, es preciso acelerar el ritmo respiratorio, algo que no debería suceder cuando sobreviene una crisis de ansiedad, ya que un incremento de la afluencia de oxígeno en la corriente sanguínea desequilibra al organismo. Cuando hay más oxígeno de la cuenta, aumentan los niveles de dióxido de carbono y los vasos sanguíneos se contraen, de ahí la molesta sensación de mareo. No es raro que los episodios de hiperventilación desemboquen en ataques de pánico, por lo que la mejor manera de evitarlos consiste en controlar la respiración.

114

El ejercicio propuesto reduce, en parte, los efectos. Hay quien recurre a una bolsa de papel para contrarrestarlos. La técnica es buena, ya que al espirar en un espacio tan pequeño, se aumenta la proporción de dióxido de carbono y éste, al pasar de nuevo a las vías respiratorias, reduce los niveles de oxígeno en la sangre.

No obstante, pese a su sencillez, conviene practicar a diario. No hace falta repetirlo muchas veces, aunque siempre es conveniente hacer una pequeña pausa antes de comenzar de nuevo.

Puede hacerlo a cualquier hora del día. Asegúrese de estar en lugar tranquilo y cómodo. Verá cómo le ayudará a superar toda clase de situaciones.

La imaginación también puede ser útil

De acuerdo con numerosas investigaciones, cuando se imagina la consecución de un objetivo, por complicado que sea, más cerca se está de la victoria. Antes de enfrentarse a una situación particularmente difícil, haga uso de su imaginación. El ejercicio de la página siguiente le mostrará cómo.

Como puede ver, si usted practica con cierta frecuencia este tipo de ejercicios, no tardará en mejorar el control que tiene sobre usted mismo.

En el caso de que su imaginación se encuentre un poco «oxidada», tal vez le sean útiles los consejos siguientes:

• Imagine un cielo nocturno.

- Escoja una estrella y observe cómo aumenta de tamaño y brillo.
- Repita el ejercicio tantas veces como sea necesario.

Cuando lo haya conseguido, intente «arrastrar» la estrella por todo el firmamento.

EJERCICIO

En el caso de que no deba afrontar una situación complicada en un futuro más o menos inmediato, piense en la última por la que ha pasado.

- Primero, escriba una «lista de miedos» en la que incluya a personas, lugares y momentos que le producen incomodidad. Puntúelos del cero al diez según el grado de malestar que le producen.
- A continuación, escoja las comprendidas entre uno y siete —los problemas a los que ha concedido un ocho o una puntuación mayor resultan demasiado difíciles por el momento.
- Cierre los ojos e imagínese a punto de emprender sus quehaceres cotidianos. Recurra a todos sus sentidos para reproducir sonidos, texturas e incluso olores. Piense por un momento qué haría y diría en tales circunstancias. Si lo desea, recurra a las técnicas de control de la respiración, anclaje emocional o monólogo para lograr sus objetivos.
- Practique este ejercicio dos o tres veces más. No tardará en darse cuenta de que el problema no será tan grave cómo pensaba y merecerá una puntuación menor. De hecho, su cerebro almacenará la experiencia y usted tenderá a pensar que se trata de algo ya conocido. Después, tan sólo deberá ponerse manos a la obra y afrontar la situación.

Cambie
de hábitos

La terapia de exposición gradual

Si desea sobreponerse a sus crisis de ansiedad, deberá, ante todo, hacer frente a esa tendencia a la huída que le impide acometer sus tareas. Tal como se ha indicado anteriormente, cuando nos sentimos especialmente nerviosos, deseamos evitar a personas, lugares o situaciones que nos inquieten. La idea quizás pueda parecer buena en un principio –al fin y al cabo, si algo le desagrada, ¿por qué debería hacerlo? –. Sin embargo, si se deja llevar por sus emociones, tarde o temprano se dará cuenta de que usted ha perdido el control sobre su propia vida y que la ansiedad aumenta sin cesar. Imagine, por ejemplo, que las aglomeraciones lo agobian y procura transitar por lugares poco concurridos. Como el metro suele estar lleno de gente, opta por tomar el autobús. Un buen día se produce un embotellamiento en hora punta y debe aguardar con el resto del pasaje. Decide que jamás volverá a utilizar los transportes públicos. Sin darse cuenta, usted modifica sus hábitos cotidianos y, poco a poco, se impone unas reglas que restringen sus movimientos. En no pocos casos ese tipo de conducta desemboca en un cuadro de agorafobia.

Esas tácticas de evitación pueden adoptar diversas formas: se rechaza una oportunidad cuando se presenta, se posponen compromisos o, sencillamente, se declina una invitación para asistir a una fiesta. Si realmente desea combatir sus crisis de ansiedad, deberá someterse a una terapia de exposición gradual, que consiste en afrontar ciertas situaciones poco a poco mediante unas estrategias que le ayudarán a dominar sus emociones. Numerosas investigaciones han demostrado que las personas aquejadas de estos cuadros de angustia, al hallarse en un aprieto, sufren un acceso de miedo repentino que, si se sabe tratar, se reducirá hasta alcanzar niveles más soportables. Por lo general, este tipo de procesos comprende cuatro etapas.

1. Haga una lista con todas las situaciones que procura evitar o que estimulan su ansiedad. A continuación, otórgueles una puntuación de acuerdo con una escala que vaya del cero (ningún miedo) al ocho (pánico).

2. Ordene la lista según la puntuación que haya dado a cada una de las entradas.

3. Probablemente haya pensado en comenzar por el problema más sencillo. Sin embargo, es mejor centrarse en aquellas entradas a las que usted haya puntuado con un cuatro, pues las que hayan obtenido una calificación menor serán demasiado sencillas y no son demasiado preocupantes. Si por el contrario desea afrontar las más graves, olvídelo: en estos momentos le resultará del todo imposible. Antes, es preciso que usted desarrolle las habilidades necesarias para garantizarse un grado mínimo de tranquilidad.

4. Antes de empezar, planifique un poco su estrategia. Por ejemplo, puede practicar ciertos ejercicios de respiración, o bien repetir mentalmente alguna frase que le anime o, incluso, buscar algún elemento de distracción que disipe su angustia. No dude en

poner en práctica estos sencillos *trucos* cada vez que deba enfrentarse a una situación comprometida.

Cuando haya logrado sobreponerse al primer problema, pase al segundo de inmediato. La terapia de exposición gradual sólo da resultado si se practica con regularidad y durante períodos de tiempo bastante prolongados. En algunas ocasiones, el proceso parecerá lento, sin que haya progresos espectaculares. No se impaciente: verá cómo sus crisis de angustia se atenúan y la vida le resultará más sencilla. Tenga en cuenta que, por muy pequeño que sea el paso, constituirá un progreso notable para usted. No menosprecie sus logros; debe aceptarse más, ya que es la única manera de afianzar su autoestima. La modestia es una gran virtud. No obstante, cada vez que piense «bueno, esto lo podría haber hecho cualquiera», añada «si no padeciese un cuadro de ansiedad tan agudo».

Ataques de pánico

Por desgracia, son más frecuentes de lo que todos desearíamos. Existe un sinfín de síntomas distintos, por lo que su tratamiento requiere una atención personalizada. Por ejemplo, hay quien se sofoca, quien siente escalofríos, quien enmudece, quien habla por los codos.

Sintomatología

A continuación se detalla una breve relación de los síntomas que se dan con frecuencia. En el caso de que usted

121

haya experimentado cuatro o más, es probable que usted tenga una cierta propensión a padecer ataques de pánico, en cuyo caso debería ponerse en manos de un profesional. Con todo, no se deje llevar por los nervios: a pesar de que el pánico es una emoción muy molesta, su vida no corre peligro, aunque es conveniente que un experto se haga cargo de usted para evitar trastornos graves.

Síntoma	Sí/No
• Dolores en el pecho	
• Enfriamiento	
• Mareos	
• Miedo a morir	
• Náuseas	
• Palpitaciones, aumento del ritmo cardíaco	
• Pérdida de la noción de realidad	
• Respiración entrecortada	
• Sensación de homrigueo	
• Sofoco	
• Sudor	
• Temblores	

Cómo hacer frente a los ataques de pánico

- Recuerde que un ataque del pánico no es no más que una reacción física un tanto exagerada a una situación de estrés.

- Los ataques del pánico son desagradables, pero no suponen un riesgo, al menos inmediato, para su salud.

- Esfuércese en identificar todas aquellas ideas preconcebidas que le llevan a experimentar esos estados de pánico. En el apartado «Pensamientos negativos» (páginas 69-74), usted encontrará algunas indicaciones que le permitirán llegar hasta el origen del problema. No olvide nunca que la autocompasión y el derrotismo harán que usted se sienta peor.
- Deje que el miedo se vaya. Acéptelo; tarde o temprano, pasará de largo.
- No eluda las situaciones que le llevan a sentir pánico, pues de lo contrario el problema aumentará. Enfréntese a sus miedos. Con el tiempo, usted será más fuerte que ellos.
- Cuando se sienta un poco mejor, sopese lo que hará a continuación.
- Piense en las mejoras que ha logrado y felicítese por ello.

Eche mano de su imaginación

Ya se ha comentado en capítulos anteriores que, cuando se padece un grave estado de ansiedad, el primer pensamiento que acude en nuestra ayuda nos incita a huir. Por desgracia, toda huida comporta una merma de libertad, hasta el punto de que, en algunas ocasiones, nos encontramos en un grado tal de dependencia, que no basta con tomar una decisión para cambiar de hábitos.

Enfrentarse a los propios miedos puede convertirse en una tarea más ardua de lo que podría imaginarse. Por ejemplo, si usted sufre de claustrofobia y lleva más de dos años sin utilizar el transporte público, de acuerdo con

123

la escala, la agitación que siente ante la mera idea de tomar el metro será por lo menos de grado siete.

En las páginas anteriores se ha recomendado el uso de diversas tácticas preparatorias antes de encararse con el problema. Sin embargo, cuando se trata de temores tan complejos como la agorafobia o la claustrofobia, deberá recurrir a una técnica más eficaz, como la creación de imágenes mentales, que le permita contener los brotes de ansiedad. Sólo a partir del momento en que el problema haya pasado del grado siete al grado cuatro o al cinco, se puede afrontar el miedo directamente y exponerse a la situación traumática.

La generación de esas imágenes mentales nos permite encarar los miedos sin correr ningún riesgo. A continuación, y a modo de ejemplo, se describe cada uno de los pasos que debería seguir una persona a quien le aterroriza viajar en metro.

1. Primero, redacte su «lista de miedos» y ordénelos de acuerdo con el baremo que ya se ha indicado.

Ésta sería la lista de Michelle:

- La idea de desplazarse hasta la estación de metro del barrio   3
- Comprar el abono   4
- Esperar en el andén   5
- Entrar en el vagón   7
- Pasar por el túnel   8

2. Cuando tenga la lista preparada, céntrese en los problemas a los que usted ha dado una puntuación

que oscile entre el cuatro y el cinco. El resto, o bien será demasiado fácil –y no merece demasiada atención– o bien demasiado difícil –en cuyo caso deberá esperar un poco.

Michelle ha decidido permanecer un rato en el andén. Para ello, imaginará lo siguiente.

3. Ahora, cierre los ojos e imagínese que está en el andén. Eche mano de todos sus sentidos para que la impresión sea lo más realista posible. No sólo deberá esforzarse por simular el aspecto del resto de los viajeros, sino también el ruido ambiental e, incluso, los olores más comunes. Los trenes deberán ir y venir, tal como hacen siempre, y si comienza a sentir algún síntoma de ansiedad, recurra a ciertas técnicas de autocontrol, como la respiración profunda, el anclaje o bien la repetición de ciertas frases que le calmen y le permitan superar con éxito la experiencia.

Michelle había aprendido a respirar profundamente para relajarse y a imaginar alguna escena que le garantizase un anclaje con todo cuanto le aportaba una sensación de seguridad. También estaba al tanto de cómo funcionaba su organismo y era consciente de que su ansiedad se debía en parte a un aumento de los niveles de adrenalina, algo normal dentro de lo que cabe. Además, para hacer el ejercicio más llevadero, se repitió varias veces las frases «Todo saldrá bien. Aunque tenga miedo, no me pasará nada. Mi ansiedad acabará por desvanecerse».

4. Si usted recurre a esas técnicas para hacer frente a
   sus crisis de ansiedad, es probable que, pasado un
   tiempo, logre reducir la virulencia con la que se da
   el problema, de modo que cada vez le sea más fácil
   manejarlo.

*Michelle practicó el ejercicio tres veces al día y, en
poco más de cuarenta y ocho horas, sus crisis de
ansiedad se redujeron. Después, se animó a ir hasta la estación de metro más cercana y realizar la
experiencia en un entorno real.*

*No hubo ninguna complicación y, pese a que al
principio le costó un poco, logró mantenerse calmada durante la mayor parte del ejercicio. Se esforzó por mantenerse tranquila en todo momento y
la satisfacción que sintió al terminar la animó a
proseguir con la terapia. Mejoró su autoestima y
se sintió mucho más segura. Al cabo de diez días,
perdió el miedo a viajar en transportes públicos.*

Para obtener un beneficio aún mayor, deberá practicar
este ejercicio con frecuencia. A medida que aumente su
confianza, deberá plantearse la posibilidad de pasar de
las imágenes mentales a la realidad. No obstante, proceda con cautela y no se apresure. Las técnicas de respiración profunda o repetición de frases de ánimo le serán de
ayuda. Es imprescindible que no se deje llevar por las prisas y se plantee objetivos asequibles, pues de lo contrario
puede caer en un estado de tensión agudo que no le permita concentrarse. Si fuese así, no se preocupe: usted no
ha fracasado; tan sólo necesita un poco más de tiempo.
Piense que el éxito se obtiene paso a paso.

Medicación

Los tranquilizantes más comunes son los similares al Valium®, como las benzodiacepinas, así como la mayor parte de somníferos. En determinados casos pueden ser muy útiles a la hora de tratar la ansiedad, pero si se administran con regularidad durante más de cuatro semanas pueden generar adicción, hasta el punto de que muchos pacientes suelen padecer síndromes de abstinencia agudos durante las primeras horas, como náuseas y mareos. Por ello, suelen recetarse sólo en casos de crisis muy violentas y siempre durante períodos de tiempo muy cortos. En el caso de que la terapia deba prolongarse durante varios meses, no pueden prescribirse.

Los antidepresivos, en cambio, no son adictivos y pueden ayudar a sobrellevar episodios de ansiedad o depresión moderados. Algunos incluso permiten un tratamiento específico, orientado a casos particulares. Su efecto no es inmediato, sino que deben administrarse durante dos o tres semanas antes de que comiencen a aparecer las primeras señales de mejoría. Además, suelen ir acompañados de diversos efectos secundarios como somnolencia, vértigo, sequedad y estreñimiento. Por otra parte, si se toman inhibidores de la monoamina oxidasa (IMAO), habrá que hacer ciertos cambios en la dieta.

Resolución de problemas

La capacidad para enfrentarse a los propios problemas puede serle de gran ayuda a la hora de controlar sus crisis de ansiedad. Como ya habrá visto en el tercer capítulo de este libro, su manera de pensar determina en gran medida al modo en que usted organiza sus quehaceres cotidianos. Por ello, si se esfuerza por resolver ciertas complicaciones que le atenazan, podrá desarrollar nuevas habilidades con las que mejorar su calidad de vida. La figura 7 representa un modelo de resolución organizado en seis etapas.

Primera etapa: identificación del problema

Como es de esperar, el primer paso consiste en identificar exactamente cuál es el problema. A la hora de buscar y definir todo aquello que se considera erróneo, hay que esforzarse por ser lo más claro y específico posible.

Para conseguirlo, puede hacer lo siguiente:

- Tomar una hoja de papel y escribir qué sucede: a qué situación debe enfretarse, quiénes están implicados y cuál es, a su parecer, el problema. El ejercicio podría ser, por ejemplo, así:

a) *Situación:* solicitud de informe.

b) *Personas implicadas:* dos compañeros y yo.

c) *Problema*: creo que no disponemos de toda la información necesaria y es muy probable que no logremos reunirla a tiempo.

- Dibuje un círculo en el centro de una hoja de papel. A continuación escriba fuera del perímetro las influencias externas que pudieren afectarle y, dentro, sus miedos y prejuicios. Por ejemplo, una influencia ex-

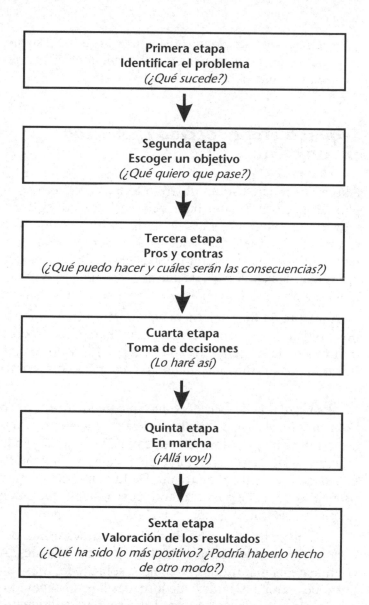

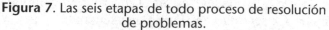

Figura 7. Las seis etapas de todo proceso de resolución de problemas.

129

terna podría ser esa información de la que no dispone, pero que considera tan necesaria y un miedo, su inseguridad a la hora de presentar el informe.

Segunda etapa: decida cuáles son sus objetivos

Ahora debe marcarse un objetivo lo más concreto posible. Tenga en cuenta que una declaración como: «Quiero redactar un buen informe» no sería válida, ya que sólo expresaría un deseo. Más adecuada sería: «Quiero redactar un informe que contemple todas las posibilidades que se brindan a la empresa», ya que no sólo recoge sus intenciones, sino también la clase de trabajo que debe hacer.

A la hora de fijar una meta deberá tener en cuenta las posibilidades que tiene de alcanzarla. Para ello, procure definirla de la manera más concreta posible y no se deje llevar ni por sus ilusiones ni tampoco por sus compromisos.

¿Es usted una de esas personas que tienden a ser poco realistas? En el caso de que haya escrito algo como: «Voy a escribir el mejor informe que se haya visto jamás en la empresa y sin pedir ayuda a nadie», cálmese, atenúe su entusiasmo y repita el ejercicio. De lo contrario, es muy probable que acabe por desmoralizarse y sienta que está a punto de fracasar.

Cuando se haya asegurado de lo que desea hacer, deberá asegurarse de que sus objetivos son importantes. A continuación, planifique el trabajo y, sobre todo, fíjese un plazo de entrega. Olvídese de jornadas largas y agotadoras. ¿Cree que puede escribir el informe en veinticuatro horas? ¿En setenta y dos? ¿En una semana?

Antes de tomar una decisión, fíjese en las características que debería tener su objetivo:

a) *Concreción:* los objetivos deben ser claros y concisos («quiero escribir un informe que muestre todas las posibilidades que tenemos»).

b) *Organización:* conciba el trabajo de manera que usted pueda medir paso a paso sus progresos («tengo que comprobar cada uno de los aspectos previstos para asegurarme de que dispongo de toda la información necesaria»).

c) *Planificación*: ¿sus planteamientos son realistas? («Dedicaré los dos próximos días al acopio de datos, el tercero a la redacción del borrador y el cuarto a preparar la versión definitiva.»)

d) *Relevancia*: ¿se ha centrado en lo importante y ha desechado lo accesorio? («Tengo que redactar un buen informe. Se trata del primero que me encargan y puede ser un buen espaldarazo para mi carrera.»)

e) *Tiempo*: ¿cuántas horas puede dedicarle? («Aunque el jueves tendré el trabajo listo, me daré un día más por si surgiere cualquier imprevisto.»)

Tercera etapa: pros y contras

Tras haber identificado el problema, deberá evaluar las posibles consecuencias. Para ello, puede recurrir a la técnica del *brainstorming*, que consiste en los pasos siguientes:

1. Escriba en la parte superior de una hoja el asunto sobre el que va a tratar.
2. Concéntrese en la cuestión durante unos diez minutos y, a continuación, escriba todas las ideas que se le hayan ocurrido. *No se reprima ni tache nada:* en estos momentos, todo vale. *Lo importante ahora es la cantidad, no la calidad.*
3. Una vez haya escrito todo lo que se le haya podido ocurrir, revise sus anotaciones y tache todo aquello que considere inútil o disparatado.

Por otra parte, piense en la posibilidad de buscar consejo. Quizás conozca a alguien que haya pasado por la misma situación y pueda preguntarle cómo salió del apuro. Si el problema tiene que ver con el trabajo, quizás encuentre el apoyo necesario en su departamento. En el caso de que se tratase de un asunto personal, recurra a un amigo o un familiar de confianza.

VALORE LAS CONSECUENCIAS

Cuando tenga bien claro qué puede hacer, es hora de que sopese los pros y contras de sus decisiones. Tal como se vio en capítulos precedentes, deberá tomarse su tiempo y anotar todo cuanto se le ocurra.

El *brainstorming* le permitirá evaluar las consecuencias que pudieren desprenderse. Recordará cómo más atrás se ha hecho hincapié en el uso de la imaginación: intente visualizar qué ocurriría al optar por una solución en lugar de otra.

Cuarta etapa: toma de decisiones

Cabe la posibilidad de que su plan requiera planificar una determinada tarea o, incluso, una secuencia de trabajo considerable. Si no fuese capaz de tomar ninguna decisión al respecto, quizás deberá tener en cuenta lo siguiente:

- No se puede resolver el problema. En ese caso, haga un esfuerzo por controlar la situación.
- Quizás necesite más información.
- Tal vez no haya aclarado lo suficiente cuáles son sus opciones.

Si cree que el problema no tiene solución, revise sus notas e intente dividirlo en problemas más pequeños que pueda resolver con facilidad. Si considera que necesita más información, busque el mejor modo de conseguirla.

Cuando deba escoger entre dos o más opciones y no sepa con cuál quedarse, piense en alguien que pudiere aconsejarle. Un amigo o un compañero de trabajo le serán de gran ayuda. Con todo, antes de comentarlo con otra persona, sopese las posibilidades con un poco más de atención y rigor. Sírvase de la escala que se ha empleado en otras ocasiones. Intente imaginarse qué ocurriría en el caso de que usted se decantare por una u otra.

Cómo hacer frente a los reveses

Aunque a buen seguro ya habrá sopesado los pros y los contras de cada una de las posibles opciones, no estará de más que prepare también un plan de emergencia para solventar cualquier clase de imprevistos.

Por ejemplo, si usted pensaba escribir un informe, ¿ha pensado en todo lo que puede suceder antes de terminarlo? ¿Con cuántas «sorpresas» tendrá que encontrarse antes de reaccionar? A continuación puede ver un modelo de plan de emergencia que puede ayudarle a prevenir futuros desastres así como a planificar posibles soluciones. A la hora de prepararlo, recurra a la técnica del brainstorming, que a estas alturas conocerá de sobra.

Plan de emergencia
Impacto emocional (del 0 al 10)

¿Qué podría salir mal?	¿Qué puedo hacer para evitarlo?
1. Quizás no disponga del tiempo necesario	1. Preparar un calendario de trabajo
2. Quizás no disponga de la información precisa	2. Redactar un índice provisional en el que detalle las fuentes que necesite
3. Quizás me deje llevar por los nervios	3. Recurrir a los ejercicios de relajación (respirar profundamente) para controlar mis emociones y superar mis prejuicios
4.	4.
5.	5.
6.	6.

Tenga en cuenta, además, que algunos de sus planes pueden exigirle un esfuerzo considerable. Piense, por ejemplo, en el tiempo que puede llevarle su empeño por hacer frente a sus prejuicios.

Quinta etapa: en marcha

Una vez que se haya decidido a entrar en acción, deberá asegurarse de que dispone de todo lo necesario para empezar con las tareas. No estará de más que tome nota de cuanto hace y, en especial, de los resultados que obtiene a medida que progresa en su trabajo. Si sigue al pie de la letra su plan, es muy probable que pronto pueda ver cómo todo sale de acuerdo con lo previsto y no tenga que cambiar nada. Hay quien considera útil pegar notas adhesivas por toda la casa (en el escritorio, junto al teléfono, en la puerta de casa, etc.) que sirvan de recordatorio y le ayuden a no dejarse nada en el tintero.

Ejemplo
17 de noviembre de 2007

1. Telefonear a John para pedirle una copia del último informe. Así podré hacerme una idea de cómo ha de ser y, sobre todo, de lo que conviene escribir.

2. Acordarme de practicar mis ejercicios de respiración para mantener la calma.

Sexta etapa: valoración de resultados

Usted es la persona más indicada para juzgar si el problema se ha resuelto satisfactoriamente. Para ello, puede revisar cada una de las etapas anteriores y decidir si se han concluido tal como esperaba. Si lo desea, también puede evaluar el trabajo en conjunto y valorarlo de acuerdo con una escala como la siguiente:

Ejemplo

Informe sin concluir   X   Informe concluido

En el caso de que haya logrado cuanto se había propuesto, entonces puede dar por concluido el trabajo. Si, en cambio, no fuera así, deberá analizar con cuidado lo sucedido y confrontar sus decisiones con los problemas que había de resolver. Quizás necesitaba una meta más ambiciosa o no previó que las tareas fuesen tan complicadas. Si fuese así, tan sólo tendrá que remontarse al principio y analizar cada una de las fases del proceso.

También es posible que los resultados sean parciales. Tendrá que saber hasta dónde llegan sus aciertos y hasta dónde sus errores. Sólo de ese modo podrá comenzar el proceso de nuevo y alcanzar sus objetivos.

Por otra parte, existe la posibilidad de que se le hayan pasado por alto algunas de esas creencias e ideas preconcebidas que le impedían avanzar. Reflexione sobre esta posibilidad y, si cree que usted no puede hacer frente al problema, busque la ayuda de un experto.

Terapia asertiva

Con esta denominación se conoce un conjunto de técnicas y estrategias que permiten al paciente desarrollar sus propias habilidades sociales y comunicativas mediante la expresión verbal.

Test asertivo

Las preguntas que se proponen a continuación han sido concebidas para que usted evalúe sus propias pautas de comportamiento. Responda con sinceridad. Para ello, escoja entre las opciones *sí, no, en ocasiones* o *nunca.*

1. ¿Suele contar cómo se siente?
2. ¿Toma decisiones con facilidad?
3. ¿Critica a los demás?
4. ¿Responde cuando le provocan?
5. ¿Confía en su capacidad para tomar decisiones?
6. ¿Pierde los nervios con facilidad?
7. ¿Le cuesta decir que no?
8. ¿Continúa una discusión a pesar de que la otra persona la haya dado por zanjada?
9. Si adquiere un artículo y éste es defectuoso, ¿acude al establecimiento donde lo compró para cambiarlo?
10. ¿Siente vergüenza cuando está en público?
11. ¿Se considera capaz de mostrar sus emociones?
12. ¿Se considera capaz de pedir ayuda a los demás?

Nota. No existen respuestas correctas o incorrectas para este cuestionario. Desde ese punto de vista, da igual la opción que haya escogido; lo importante es la información que se desprende de cada una de ellas, pues le ayudarán a hacerse una idea de su manera de comportarse. Tras haber hecho el test, usted podrá decidir qué rasgos de su personalidad desea mantener y cuáles cambiar.

Cuatro tipos de comportamiento

Pasivo (no asertivo)

EMOCIONES

Las personas no asertivas suelen mostrarse indefensas, impotentes, incapaces, frustradas y con muy poca confianza en sí mismas.

Rasgos que identifican a una persona pasiva

Las personas que responden a este tipo se comportan del modo siguiente:

- No muestran interés por lo que piensan o desean los demás.
- Tampoco les interesa lo que sienten los demás.
- Evitan situaciones en las que deban tomar alguna decisión.
- Tienden al victimismo.
- Les cuesta decir que no y caen fácilmente en el derrotismo y la frustración.

¿Cómo se sienten los demás?

El trato con una persona de estas características no es cómodo. Quienes intentan echarle un cable acaban por tirar la toalla, irritados y molestos, al ver que sus esfuerzos no sirven para nada y, lo que es peor, ni siquiera reciben la menor muestra de agradecimiento.

Consecuencias

Las personas no asertivas evitan riesgos y responsabilidades. No quieren verse en el trance de que alguien rechace sus propuestas y ni siquiera se esfuerzan por cambiar. Mucha gente que sufre de ansiedad presenta este tipo de comportamiento.

Agresivo

EMOCIONES

Las personas agresivas a menudo pierden el control y se dejan llevar por sus emociones. En unas ocasiones, se sienten fuertes y seguras de sí mismas, y en otras, temerosas, vulnerables y titubeantes.

EJERCICIO

Copie en una hoja las siguientes palabras y subraye las que considere le definen mejor.

Desamparo	Frustración	Debilidad
Victimismo	Narcisismo	Derrotismo
Desconfianza	Menosprecio	
Temor	Fanfarronería	

Rasgos que identifican a una persona agresiva

Las personas que responden a este tipo se comportan del modo siguiente:

- Gritan, chillan y amenazan para salirse con la suya.
- Pretenden «vencer» a cualquier precio. Si no obtienen los resultados previstos, lo consideran una derrota.
- No respetan los derechos de nadie.

Cómo se sienten los demás

Convivir o trabajar con una persona agresiva acarrea temores, inseguridad, ira y, sobre todo, una molesta sensación de control y dependencia.

Consecuencias

Las personas agresivas suelen ser muy dominantes. De hecho, no creen que sea necesario explicarse, negociar o prestar atención a los demás. Sin embargo, a largo plazo, quienes se comportan de este modo pueden terminar completamente solos.

EJERCICIO

Copie en una hoja las siguientes palabras y subraye las que considere le definen mejor.

Gritos	Golpes	Amenazas
Inseguridad	Desconfianza	Miedo
Superioridad	Insidias	

140

Pasivo-agresivo (o indirecto)

EMOCIONES

Quienes responden a este tipo de personalidad suelen mostrarse frustrados, decepcionados y, sobre todo, no suelen confiar ni en sí mismos.

Rasgos que identifican a una persona pasivo-agresiva

Las personas que responden a este tipo se comportan del modo siguiente:

- Son imprevisibles: un día están de acuerdo con una cuestión en particular y, al siguiente, la rechazan de plano.
- Se muestran envidiosas y esperan con ansia el momento en que puedan vengarse.
- Su carácter es muy irascible, por lo que suelen enturbiar el ambiente allá por donde pasan.

Cómo se sienten los demás

Quienes deben convivir o trabajar con una persona de estas características acaban por sentirse enfadadas, dolidas, confusas, manipuladas y, en cierto modo, culpables.

Consecuencias

Las personas que se comportan de este modo suelen evitar los enfrentamientos, aunque no por ello los conflictos, ya que su cobardía las empuja a los ataques por la espalda.

EJERCICIO

Copie en una hoja las siguientes palabras y subraye las que considere le definen mejor.

Frustración	Decepción	Falta de confianza
Envidia	Venganza	Cobardía
Enfado		

Asertivo

EMOCIONES

Una persona asertiva suele mostrarse relajada y confiada en sí misma, lo cual no quiere decir que estén libres de problemas. Con todo, poseen la habilidad suficiente como para decidir en todo momento cómo deben comportarse.

Rasgos que identifican a una persona asertiva

Las personas que responden a este tipo se comportan del modo siguiente:

- Piden lo que quieren.
- Intentan expresarse siempre con claridad.
- Atienden a los demás.
- Se respetan a sí mismas y a los demás.
- Procuran que nadie salga perjudicado en ninguna situación y están dispuestas a comprometerse hasta el final, sin que se sientan coaccionadas por ello.

Cómo se sienten los demás

Quienes conviven o trabajan con una persona asertiva se sienten valorados, respetados y atendidos. El comportamiento de una persona asertiva hace que los demás se sientan seguros y aceptados.

Consecuencias

Las personas asertivas aprovechan cuantas oportunidades se les brinda, establecen relaciones sanas y, sobre todo, confían en sí mismas.

EJERCICIO

Copie en una hoja las siguientes palabras y subraye las que considere le definen mejor.

Confianza	Relajación	Atención a los
Conciliación	Respeto	demás
Ánimo	Arrojo	

Qué implica la asertividad

Las personas asertivas se respetan a sí mismas y, sobre todo, a los demás. No les cuesta reconocer los méritos de los demás y lo hacen con alegría. Además, se muestran abiertas a cualquier propuesta de colaboración. Tampoco tienen problemas a la hora de establecer sus propios límites, ya que los consideran un modo de preservar su integridad. Por ello, no es extraño oír de sus labios frases como: «Le agradezco mucho que haya pensado en mí para que cuide a sus hijos mañana. Sin embargo, ya había hecho planes. De todos modos, cuente conmigo para otra ocasión».

Responsabilizarse de los pensamientos, sentimientos y acciones propios

Las personas asertivas suelen responsabilizarse de cuanto dicen, sienten o hacen. Son plenamente conscientes de lo que supone aceptar un compromiso. Por ejemplo, decir algo como «No me gusta que me griten» es mucho más asertivo que «tus gritos me molestan». El hecho de referirse a uno mismo es un modo de mostrar esa responsabilidad. Piense en los efectos de una frase como ésta: «Estoy en desacuerdo con esa decisión».

Cambiar de comportamiento

Las personas asertivas saben cuándo deben enfrentarse a una situación y hacer los cambios necesarios para resolverla con éxito. Nunca evitan los problemas y, si se equi-

144

vocan, no se dejan llevar por el tremendismo. Asumen el riesgo, conscientes de que la vida es un perpetuo desafío.

Cómo desarrollar nuestra capacidad asertiva

PRIMERA ETAPA

Preste atención a la persona con la que está y demuéstrele que ha *escuchado* y *comprendido* todo lo que ha dicho. De ese modo, se establecerá una relación más estrecha entre ustedes y tendrá más posibilidades de lograr lo que usted se propone. No obstante, tenga cuidado: en muchas ocasiones nos referimos más a nuestras palabras que a las de quien nos habla y acabamos representando una burda pantomima.

Charles.   *Me molestó la manera en que se dirigió a mí delante de toda aquella gente.*

John.   *No me imaginaba que se sintiese tan incómodo conmigo.*

SEGUNDA ETAPA

No tenga reparos a la hora de decir qué piensa o cómo se siente. Para evitar suspicacias, recurra a frases en las que incluya expresiones como *aunque, sin embargo* o *por otra parte.*

John.   *Sin embargo, comentó que en esas reuniones podíamos plantear cualquier problema.*

TERCERA FASE

Ha llegado el momento de que exponga sin ambages sus deseos. Debe hacer un esfuerzo por comprometerse, por esforzarse en lograr algo que beneficie a ambas partes y evite cualquier conflicto. Para enfatizar aún más el carácter asertivo, puede iniciar su alocución con la conjunción *y*.

John.   *Y quizás podríamos ponernos de acuerdo para que la próxima vez no surjan malentendidos.*

Ejemplo

Primera etapa	«Al parecer, quiere que cambie mis planes para las vacaciones.»
Expresión de enlace	Sin embargo...
Segunda etapa	«Debo consultarlo con mi mujer, ya que decidimos juntos las fechas.»
Expresión de enlace	Y...
Tercera etapa	«Necesito hablar con ella antes de darle una respuesta.»

Controle sus reacciones

Los cambios llevan su tiempo. Si considera que reacciona de una manera demasiado intempestiva, cuente mentalmente hasta tres y respire hondo. De este modo, dispondrá del tiempo suficiente como para meditar un poco más su respuesta.

Menos es más

En algunas ocasiones, se habrá dado cuenta de que tiende a explicarse demasiado. Procure acortar sus respuestas y no repita palabras o frases de manera innecesaria. Al fin y al cabo, no tiene por qué decirlo todo de buenas a primeras.

Otras habilidades asertivas

Reformule sus propuestas

En algunas ocasiones, el modelo en tres fases o etapas no dará resultado. Por cualquier razón, la persona con la que habla no le hará caso. Procure repetir el mensaje tantas veces como sea necesario, aunque con otras palabras a fin de no complicar la situación.

Ejemplo

Jamie.   Le agradezco que tenga en cuenta mi opinión. Sin embargo, necesito tomarme un tiempo para pensarlo bien. Antes del fin de semana tendrá mi respuesta.

Mike.   No se trata de nada importante. ¿No puede decirme algo ahora?

Jamie.   Sé que le interesa mucho tener la respuesta de inmediato, pero le aseguro que debo mirarlo con calma antes de decirle algo.

Emociones negativas

Es preciso que identifique la actitud o conducta que le causa tantos problemas, así como que observe en qué manera le afecta y decida el modo en que desea que sus proyectos se lleven a cabo. Por ejemplo, si alguien le grita, hágale saber lo difícil que es tratar con alguien en esas condiciones. Tenga en cuenta, no obstante, que si esa persona se niega a seguir su consejo, es muy probable que la relación empeore o incluso quede dañada.

Ejemplo

«Me irrita que alces la voz [comportamiento]. No sabes lo difícil que cuesta escucharte [cómo le afecta esa actitud a usted]. Si no cambias de actitud, no podré hacer nada por ti [qué ocurrirá si no depone su actitud].»

Compromisos

Siempre que sea posible, ha de encontrar una solución que implique a las dos partes. Se trata de que todo el mundo gane. Para ello, usted y su «contrincante» deben comprometerse a hacer las cosas bien. Quienes actúan de esta manera obtienen a corto y largo plazo grandes beneficios. Piense que, si logra que todos estén satisfechos con su trabajo, le tendrán en cuenta para futuras ocasiones.

Ejemplo

Irene. Vendrá todo el mundo. Tienes que asistir.

June. Ya sé que vendrá un montón de gente. Sin embargo, no me atrae mucho la idea. ¿Qué tal si quedamos tú y yo la semana que viene?

Irene. No me parece mala idea.

Maniobras de distracción

Constituyen una de las mejores maneras de salir indemne de una situación en la que nuestro contrincante se muestra más agresivo de lo que cabría esperar. A grandes rasgos, podría decirse que se basan en los principios de que nadie es perfecto y de que todo el mundo tiene derecho a manifestar sus puntos de vista. Si usted está de acuerdo con lo que dice, pero no en el tono, dígaselo de inmediato; así evitará el mal trago. En el caso de que no fuese así, procure no caer en la trampa y no le tenga en cuenta su mal humor. Muchas personas esperan a que su interlocutor se enzarce con ellas en una discusión de lo más estéril trufada de argumentos como «yo no hice eso» y «claro que lo hiciste». Sea como fuere, no permita que el encontronazo vaya a mayores.

Ejemplo

Gary.   Da la sensación de que siempre sabes lo que es correcto y no parece que te hayas dado cuenta de que los demás pueden hacer las cosas de otra manera. [Cuidado: un argumento de esta clase puede conducirle rápidamente a un callejón sin salida.]

Delia.   Claro que los demás pueden hacer las cosas de otra manera. Tan sólo he dado mi opinión del asunto. [Al mostrar un punto de acuerdo, se evita que el interlocutor le considere un oponente y evita que la confrontación se encone.]

Cómo discrepar

Tan sólo es preciso mostrar las incoherencias y contradicciones de cuanto se ha dicho.

Ejemplo

«*Por un lado,* usted acaba de decirme que no está satisfecho con su trabajo y, *por otro,* me ha comentado que tiene muchos asuntos pendientes y *además* muy interesantes.»

Piense antes de hablar

No se cambia de hábitos de la noche a la mañana. Si usted es una de esas personas que dicen *sí* sin apenas pensarlo, le costará bastante reprimir su entusiasmo. Una de las maneras de conseguirlo consiste en pensarse las cosas dos veces antes de hablar. Cuando alguien le pida su opinión, tómese el tiempo necesario antes de darla. Si ocurre mientras habla por teléfono, prometa a su interlocutor que lo llamará más tarde («Ahora no puedo decirle nada al respecto; en veinte minutos lo telefoneo»). Si, en cambio, la conversación se da cara a cara, puede responder algo como: «Antes de decirle algo, tendré que pensármelo».

Una escapada al lavabo puede ayudarle a ganar un poco de tiempo. Basta con un «discúlpeme» para obtener unos cuantos minutos que le permitan decidir lo más adecuado para sus intereses.

Ejerza sus derechos

No se trata de que imponga a nadie sus criterios, sino de hacerse valer. Tales derechos han de ir acompañados siempre de ciertos deberes para con los demás. Un comportamiento asertivo implica respetar a los demás como a uno mismo. Con todo, no olvide que, bajo ningún concepto usted deberá dañar la libertad de nadie.

EJERCICIO

Lea detenidamente las afirmaciones siguientes e indique si está de acuerdo o no con ellas.

A favo   En contra

• Tengo derecho a que me traten con el respeto que se merece cualquier ser humano.

• Tengo derecho a pedir lo que quiero.

• Tengo derecho a velar por mis intereses y a decir «no» cuando me convenga.

• Tengo derecho a que expresar mis ideas y emociones.

• Tengo derecho a que tomarme un tiempo antes de manifestar una decisión.

• Tengo derecho a tomar mis propias decisiones.

• Tengo derecho a cambiar de ideas.

• Tengo derecho a rechazar cualquier implicación en los problemas de otras personas.

• Tengo derecho a no comportarme de manera asertiva.

EJERCICIO

Anote otros derechos que encuentre a faltar en la lista precedente.

151

Cómo afrontar situaciones difíciles

Capear un conflicto

Nadie en esta vida se halla a salvo de situaciones conflictivas. A casi todos nos desagradan, pero pocos de nosotros sabemos cómo salir indemnes de ellas. Quienes padecen de ansiedad tienden a evitarlas, pero acaban por sentirse menospreciadas.

Una actitud asertiva le proporciona los recursos suficientes para influir en la actitud de los demás y lograr que los encuentros se zanjen con un resultado positivo.

Procure que ganen ambas partes

Haga un esfuerzo por pensar no sólo en sus intereses, sino también en los de su interlocutor. Asegúrese de que existe alguna posibilidad de que usted puede hacer algo por la otra persona sin que ello le suponga excesivas molestias.

Haga todo lo posible por apartarse del tema

Cuando la discusión comience a acalorarse demasiado, es muy probable que aparezcan los primeros síntomas de ansiedad. En determinados casos, un estado emocional alterado puede entorpecer nuestro pensamiento y atención, por lo que será conveniente buscar otro tema de conversación si no queremos que la relación con nuestro interlocutor salga especialmente dañada.

Asuma sus responsabilidades

Usted *siempre* es responsable de sus ideas y comportamientos. Si desea resolver el malentendido de una manera asertiva, tendrá que dejar bien clara su posición, sobre todo en lo que respecta a sus intereses y necesidades.

Administre sus ideas

El conflicto puede abrirse en uno o varios frentes. Antes de responder a las provocaciones de su oponente, deberá sopesar sus argumentos y asegurarse de que sus palabras no dan pie a nuevos encontronazos. No hay nada peor que discutir de varios asuntos a la vez, por lo que deberá hacer todo el esfuerzo posible para no sacar a colación ningún tema que pueda suscitar nuevas controversias. Antes de reunirse con su interlocutor, prepare una lista con las cuestiones que desea tratar y establezca un orden de prioridades.

No se distraiga

Si logra demostrar a su interlocutor que lo respeta y está dispuesto a hacer todo lo posible para llegar a una solución beneficiosa para ambas partes, estará más cerca de solucionar el malentendido que si se empeña por salirse con la suya.

En el momento y el lugar adecuados

Si de veras desea resolver el malentendido, piense cuándo y dónde va a hacerlo. Olvídese de lugares ruidosos y demasiado concurridos. Busque un sitio más tranquilo donde puedan hablar tranquilamente y, sobre todo, durante el tiempo que sea necesario.

Cómo responder a una petición

En alguna ocasión, alguien le habrá pedido algo. Si acepta con agrado, no hay de qué preocuparse. Sin embargo, no son pocos los que suelen decir que sí cuando realmente desearían manifestar todo lo contrario. Por ello, a la hora de tomar una decisión de este calado, no estará de más seguir esta sencilla técnica, que se compone de cuatro pasos.

Primer paso: ¿cómo se siente?

Hay quien se molesta cuando alguien le solicita algo. Si éste fuese su caso, reflexione por unos instantes qué le hace sentirse tan incómodo. Las preguntas siguientes pueden serle de gran ayuda:

- ¿Tengo la sensación de que me utilizan?
- ¿Tengo la sensación de que me obligan a hacer lo que no quiero? ¿Por qué?
- ¿Qué podría pasarme si me niego?
- ¿Qué siento cuando me veo en esa tesitura? ¿Me enfado, tengo miedo, siento vergüenza...?

Segundo paso: diga que no

Si usted debe decir que no, hágalo con claridad. Si quiere explicar sus razones, adelante; pero procure que no parezcan una excusa. Tenga en cuenta que, cuando se habla demasiado, el interlocutor puede pensar que usted se siente mal y que sus palabras intentan justificar una posición de la que no se siente demasiado seguro.

Tercer paso: diga que sí

Al igual que en el caso anterior, si cree conveniente decir que sí, hágalo con claridad. No obstante, hágase valer e imponga ciertas condiciones.

Cuarto paso: no dé nada por hecho

En el caso de que no esté seguro de lo que quiere, siga estos consejos:

- Solicite más datos antes de tomar una decisión.
- Tómese el tiempo necesario antes de decir nada.
- Sugiera la conveniencia de manifestar un compromiso mutuo si lo considera oportuno.
- Busque la manera más diplomática de decir que no. Si lo desea, puede poner algunas pegas y aguardar a que alguien vuelva a pedirle el mismo favor.

Sobrellevar las críticas

Muchas personas consideran que cualquier crítica, por bienintencionada que sea, es hiriente y puede acarrear muchos problemas. Sin embargo, hay que acostumbrarse a vivir con ellas. Para ello, tome nota de los consejos siguientes:

- Asegúrese del contenido de las críticas. Antes de responder, infórmese bien.
- En el caso de que usted haya sido objeto de algún comentario que no le gusta en absoluto, no responda de inmediato. Tómese unos minutos para deducir cuáles son las intenciones de la persona que se lo ha dicho.
- Solicite a la persona que le ha hecho la crítica que le aclare bien los motivos y el hecho en sí. Después, indíquele que hablará con ella más adelante y fije una fecha para la cita.
- Una vez que tenga claro el significado y las intenciones de cuanto le hayan dicho, piense en si de veras esa persona tiene razón o no. Si la considera acertada, acéptela y piense en cómo cambiar. Si no está de acuerdo, rechace de plano sus argumentos, pero busque una solución razonada. Es muy importante que su interlocutor piense que usted no va a disculparse.

Cómo criticar

En algunas ocasiones, hacer una crítica puede ser tan desagradable como recibirla, sobre todo si se sufre de ansiedad. Aferrarse a las emociones negativas no ayuda. Además, si usted desempeña algún cargo importante, deberá enfrentarse a su equipo en algún momento. Piense en el duro oficio de los padres: si de vez en cuando no se hacen valer, sus hijos lo pagarán caro en un futuro más o menos inmediato.

Para que sus críticas sean consistentes, debe tener en cuenta estos consejos:

- Busque un lugar tranquilo en el que pueda conversar. Si desea que su interlocutor tenga en cuenta sus ideas, es preciso que se sienta a gusto.

- Busque algún rasgo positivo de su interlocutor. Es necesario que reconozca tanto sus defectos como sus virtudes. Hable con sinceridad.

- Evite demasiadas familiaridades y céntrese tan sólo en los hechos y en cómo se siente usted.

- Critique el comportamiento de la persona en cuestión y, en especial, cuanto usted cree que puede y debe cambiar. De nada sirve que usted se queje, por ejemplo, de su acento.

- Hágale saber cómo se siente a causa de su comportamiento.

- Preste atención a lo que su interlocutor le diga. Una comunicación eficaz requiere que ambas partes se impliquen.

- Tenga en cuenta que la otra persona debe ser consciente de las consecuencias que se deriven de su comportamiento. Es más, si se comporta de un modo que a usted le desagrade e incluso ponga en riesgo su relación, tendrá que indicárselo de inmediato, ya que se trata de una razón lo suficientemente de peso como para que cambie.

Haga frente a los reveses

En alguna ocasión, alguien puede ponerle en un aprieto. A continuación verá alguna de las maneras más eficaces para salir indemne.

¿Qué ocurre cuando alguien decide por usted?

Por muy cómodo que pudiera parecerle, no permita que nunca nadie tome ninguna decisión por usted. Si se diera el caso, deberá dejar bien claro a la persona que lo ha hecho que usted es capaz de resolver el problema por su propia cuenta («Le agradezco su interés, pero prefiero hacerlo a mi manera»).

¿Qué ocurre si le presionan demasiado?

A veces, cuando alguien desea que tomemos una decisión favorable a sus intereses, intenta presionarnos para que le demos una respuesta de inmediato. Si usted se encontrase alguna vez en una situación similar, niéguese en redondo y solicite un poco de tiempo para meditar sobre el asunto.

¿Y si le acusan de estar mintiendo?

Imagine que alguien sugiere o afirma sin ambages que todo cuando usted dice es falso. En este caso, responda de inmediato y, con la mayor claridad posible, niegue sus acusaciones y repita sus argumentos cuantas veces sea necesario. No consienta que alguien ponga en duda ni su trabajo ni su honradez.

Requisitos para vivir sin ansiedad

A buen seguro, usted posee las habilidades que le permitirán mejorar su relación con los demás o aumentar su capacidad de persuasión. Sin embargo, antes de tomar ciertas decisiones, conviene que se tome un respiro y dedique un tiempo a reflexionar sobre la manera en que suele ponerlas en práctica. Sólo de este modo estará preparado para decidir cuál es el estilo de vida que más se ajusta a sus intereses.

Organización del tiempo

En el caso de que usted se sienta incapaz de obtener el máximo partido a su tiempo, deberá aparcar por una temporada sus proyectos para cambiar de estilo de vida. Está muy bien tener ilusiones, pero antes hay que desarrollar ciertos hábitos que le permitan lograrlo.

El tiempo es uno de los bienes más preciados. ¿Cuántas veces nos hemos dicho «lo haría de buen grado, pero ahora no puedo» o «me parece que va a ser más largo de lo que pensaba»? Muchas actividades, por no decir demasiadas, suelen exigirnos más de lo previsto y no son pocas las veces en que, tras realizar un enorme esfuerzo, nos sentimos poco satisfechos, hastiados o, incluso, frustrados. Conviene tener en cuenta que cada semana tiene sólo 168 horas y cada año, 8.760. Ni una más, ni una menos. Eso es lo que hay.

El siguiente ejercicio le ayudará a determinar el tiempo que invierte en sus actividades cotidianas.

163

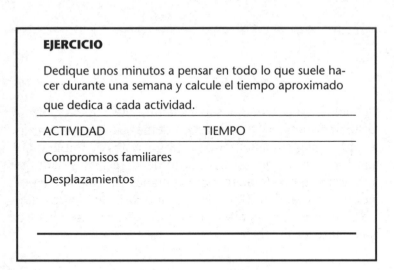

¿Administra bien su tiempo?

Responda a las siguientes preguntas.

1. ¿Tiene tiempo para hacer todo lo que
desea?   Sí / No

2. ¿Debe postergar algún compromiso por
falta de tiempo?   Sí / No

3. ¿A veces cree que no hay tiempo para
todo?   Sí / No

4. ¿Ha pensado alguna vez que algo o
alguien le quita tiempo?   Sí / No

5. ¿Se siente bien con su ritmo de vida? Sí / No

Si usted ha respondido de manera afirmativa a las
preguntas 2 y 3, y negativa a las otras, necesita tomarse

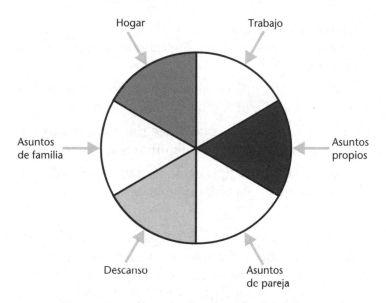

Figura 8. Gráfica de distribución del tiempo.

un respiro y considerar seriamente la posibilidad de que debe cambiar sus hábitos para obtener un rendimiento mucho mayor.

El tiempo puede dividirse en seis áreas, tal como aparece representado en el gráfico de la figura 8. Lea con atención cada una de las especificaciones que se detallan a continuación e intente determinar cómo administra su tiempo a lo largo de la semana (para más información, consulte las páginas 45-48).

Trabajo: cualquier tipo de actividad económica; da igual si se realiza a cambio de un estipendio o de manera voluntaria.

Asuntos propios: cualquier tipo de actividad en que usted sea el principal beneficiario (aficiones, cuidados personales, relajación, ejercicio, etc.).

Asuntos de pareja: tiempo dedicado a atender las necesidades de la persona con quien mantiene una relación afectiva.

Descanso: tiempo dedicado a reflexionar, planificar o programar su futuro, o a tomarse un respiro.

Asuntos de familia: cualquier tipo de actividad en que estén implicados hijos, familiares o amigos.

Hogar: cualquier tipo de actividad relacionada con el mantenimiento y cuidado de la casa.

En el caso de que no le satisfaga demasiado la cantidad de tiempo que dedica a cada una de estas actividades, deberá repartirlo de la manera que considere más equilibrada. Conviene que preste atención a aquellas porciones que le parezcan desmesuradas en relación con el resto y quizás le convenga llevar un diario en el que apunte todo cuanto hace a lo largo de la semana.

Por otra parte, también debería tener en cuenta los siguientes aspectos:

1. Cómo organiza la jornada.

2. Cómo suele perder el tiempo.

3. Cómo podría administrar su tiempo con mayor eficacia.

4. Cómo dedicar más tiempo a las actividades que más le gustan.

5. Cómo dedicar más tiempo a las actividades que menos le gustan.

De ese modo, al final de la semana podría hacerse una idea más clara de hasta qué punto pierde el tiempo y buscar una solución que le permitiese disponer de él con más flexibilidad.

Su reloj biológico afecta también a la manera en que usted se organiza; de hecho, ya se habrá dado cuenta de que su atención es mayor en ciertos momentos del día. Por ejemplo, hay personas que prefieren trabajar por las mañanas porque se sienten más llenas de energía y, por la tarde, en cambio, se encuentran completamente agotadas. En el caso de que usted perteneciese a este grupo, deberá procurar, en la medida de lo posible, dejar las tareas más complicadas para esas horas en que puede trabajar a pleno rendimiento. No olvide que ése es su verdadero *prime time*.

A pesar de que se trata de una apreciación meramente subjetiva, no estará de más que intente saber cuál es el momento más adecuado para tratar con las personas que están a su alrededor. Al fin y al cabo, si usted sabe que en ciertas horas muestra una mayor predisposición al diálogo, el trabajo o cualquier otra actividad, ¿por qué no intenta buscar la situación más propicia para intercambiar opiniones o acometer una tarea determinada? Piense que de ese modo puede aprovechar mejor sus dotes de persuasión.

A la hora de evaluar el grado de eficacia con el que una persona administra su tiempo, hay que tener en cuenta tres aspectos:

- El uso de listas y notas que ayuden a supervisar las tareas que deben llevarse a cabo.

- La planificación, para la que dan muy buen resultado las agendas y los calendarios.

- Los programas de trabajo a corto, medio y largo plazo, ya que permiten establecer un objetivo concreto y saber a ciencia cierta si se ha logrado o no.

Una mala organización

Por «mala» organización podría entenderse:

- Incapacidad para gestionar un archivo con toda la información necesaria. Si no se posee un buen sistema de ordenación, se dedicará más tiempo del necesario en el momento de buscar un dato en concreto.

- Incapacidad para detectar la información relevante (por ejemplo, esos documentos que se apilan de manera más o menos indolente).

- Incapacidad para discriminar la información, con la consiguiente pérdida de tiempo que supone leer *todos y cada uno* de los documentos que caen en nuestras manos y, sobre todo, su almacenamiento y posterior recuperación.

Si en algún momento se da cuenta de que pierde el tiempo con conversaciones completamente fútiles, ya sea en el trabajo o con amigos, justo cuando usted debiera estar por otras labores mucho más productivas, considere las siguientes propuestas:

- Procure no charlar demasiado.
- Procure tener un reloj cerca para saber cuánto tiempo dedica a las llamadas telefónicas.
- Procure poner en práctica el siguiente modelo de asertividad:

Primer paso: demuestre que comprende el problema de la persona a la que atiende («soy consciente de que necesita hablar conmigo»).

Segundo paso: plantee alguna objeción que impida demorarse demasiado y le evite caer en abstracciones («sin embargo, tendré que hacer algunas comprobaciones»).

Tercer paso: haga alguna sugerencia («le recomiendo que nos veamos al final de la semana, cuando disponga de la información necesaria»).

Diarios y agendas personales

Los diarios y las agendas personales permiten llevar un recuento de las citas y tareas pendientes y son muy útiles a la hora de planificar el trabajo. No está de más hacer todo tipo de anotaciones a lápiz, ya que siempre pueden borrarse para adaptarse las circunstancias. En el caso de que prefiera una agenda electrónica o un ordenador de mano, conviene que haga copias de seguridad un par de veces al día para evitar cualquier pérdida de información.

Listas de asuntos pendientes

Constituyen una extraordinaria ayuda para mantener las ideas claras y acordarse de todos sus compromisos. A la hora de consignar las tareas y obligaciones, puede seguir un sistema de clasificación que establece tres grados distintos de prioridad:

A **Urgente:** el asunto requiere atención inmediata.

B **Importante:** puede dejarlo para después, pero no para mañana.

C **Poco urgente o poco importante.**

Notas adhesivas

Hay quien suele dejarse notas por todas partes para acordarse de lo que debe hacer. No es un mal sistema, sobre todo cuando se trata de algo urgente.

Sistemas de archivo

Toda la documentación que considere necesaria puede guardarla en una caja metálica con cierre de dimensiones medias. Si se acostumbra a depositar allí todos sus documentos, no tardará demasiado en localizarlos cuando le hagan falta y se ahorrará un tiempo precioso.

Organizar bien el tiempo implica pensar en lo que se debe hacer, la manera en que se lleva a cabo y el mejor modo de sacar partido de cada uno de los minutos que transcurren en nuestra vida. A diferencia de otros bienes, el tiempo no puede almacenarse para utilizarlo en el futuro. Para asegurarse de que gasta su tiempo con la mayor eficacia posible, debe considerar que incluso sus ratos de descanso son útiles, ya que le permiten reflexionar, descansar y prepararse para el futuro.

Cómo lidiar con el estrés

El estrés depende de una compleja interrelación entre las exigencias que debe afrontar una persona y la capacidad o disponibilidad que tiene para ello.

Algunas de esas exigencias podrían considerarse «internas» en la medida en que dependen del carácter y la mentalidad de la persona. Quienes son más perfeccionistas de lo habitual pueden presionarse demasiado, hasta el punto de pedirse algo imposible. En algunas ocasiones, el estrés depende de la salud física, la situación económica o el apoyo social o familiar. Por lo general, debería haber un cierto equilibrio entre las obligaciones a las que debe responder una persona y los recursos de que dispone. Sin embargo, no siempre es así, y un incremento notable de las obligaciones puede desembocar en un cuadro agudo de estrés.

Hay quien distingue entre estrés *bueno* y estrés *malo,* lo cual da a entender que, hasta cierto punto, es bueno vivir en estado de agitación. Mejor sería hablar en términos de estrés y de *presión.* Podría decirse que la presión, siempre y cuando sea razonable, es un poderoso acicate para la creatividad. De hecho, hay gente que parece vivir rodeada de citas, fechas de entrega, etc. La diferencia entre estrés y presión estribaría precisamente en que, cuando se da sólo esta última, la persona que la padece posee

171

los recursos necesarios para hacerle frente e, incluso, salir bastante bien parada. Sin embargo, cuando no es así y aumenta hasta un grado insospechado o se prolonga durante un plazo de tiempo excesivo, se convierte en estrés.

No cabe duda de que el estrés es una cuestión muy personal. Algunas situaciones que podemos considerar exasperantes quizás no lo sean para nuestros amigos y viceversa. De hecho, en más de una ocasión nos habremos dado cuenta de que nos hemos habituado a lidiar con ciertos contratiempos con los que hace un tiempo nos sentíamos completamente inermes.

El trabajo puede convertirse en una gran fuente de estrés: plazos que deben cumplirse, un número excesivo de tareas, malas relaciones con los compañeros o los superiores, organización deficiente, cambios continuos, poca o nula preparación para las funciones que deben realizarse, inseguridad laboral... No obstante, la vida privada también ocasiona más de una molestia. Basta con pensar en los problemas familiares, las crisis de pareja, el aumento de responsabilidades... Y, como es de esperar, todo ello nos afecta.

En 1967, Thomas Holmes y Richard Rahe, dos psicólogos estadounidenses, publicaron una escala compuesta por cuarenta y tres hechos que podían convertirse en situaciones estresantes. Cada uno de ellos contaba con una valoración numérica que dependía del grado de estrés que se le asociaba. En la tabla siguiente aparecen los siete primeros.

Experiencia vivida	Valoración
Muerte de un socio o compañero de trabajo	100
Divorcio	73
Separación matrimonial	65
Encarcelamiento	63
Muerte de un familiar cercano	63
Daños personales	53
Matrimonio	50

Por otra parte, cabe tener en cuenta además estas otras situaciones:

• Fiestas navideñas.

• Embarazo.

• Impotencia sexual.

• Pleitos y acciones legales.

• Cambio de domicilio.

• Cambio de escuela o universidad.

• Cambio de condiciones de vida.

• Cambio de trabajo o de horario laboral.

• Discusiones con familiares, amigos o compañeros de trabajo.

• Nacimiento o adopción de un niño.

El hecho de comprender la repercusión que ciertos sucesos pueden tener en nuestra vida nos ayudará a prever situaciones de estrés. Por ejemplo, si somos conscientes de que el nacimiento de un hijo es lo suficientemente importante como para trastocar todos nuestros hábitos, sobrellevaremos mejor los contratiempos que surjan durante los primeros meses. Los efectos aún serán menores en

173

el caso de que nos decidamos a poner en práctica algunas de las técnicas de relajación que se han ido viendo a lo largo de estas páginas. Conviene tener en cuenta, además, que cualquier acontecimiento, por agradable o placentero que sea (casarse, obtener un ascenso, recibir un premio), es susceptible de desencadenar una crisis de ansiedad, sobre todo si nos obliga a alterar nuestro comportamiento cotidiano, ya que a menudo no estamos preparados para afrontar cambios tan drásticos.

La importancia de
una buena dieta

Consejos sobre dietas para combatir la ansiedad

La ansiedad puede empeorar si se toma té, café, chocolate o refrescos de cola, productos todos ellos con una cantidad variable de cafeína, uno de los estimulantes más potentes y, en consecuencia, muy poco recomendable a la hora de hacer frente a la ansiedad, ya que incrementa los niveles de adrenalina y azúcar en la sangre. La mejor manera de mantener una cierta estabilidad en nuestro organismo consiste en comer de manera moderada y con una cierta frecuencia a lo largo del día. También conviene evitar los azúcares refinados y otras sustancias que «nos pongan a tono» en favor de, por ejemplo, hidratos de carbono (patatas, pasta, arroz, pan, manzanas y plátanos), ya que permiten mantener el metabolismo bajo control.

En la actualidad, circula tal cantidad de información acerca de lo que se debe y lo que no se debe comer para estar sanos, que es imposible no darse por enterados. Sea como fuere, tampoco está de más prestar un poco de atención, pues la dieta también influye en nuestra autoestima y autocontrol.

Tal como se indicaba en el capítulo anterior, el organismo produce hormonas para sobrellevar el estrés y libera ácidos grasos y azúcares para enfrentarse a una crisis más o menos inminente. Cuando suele producirse algo así, los niveles de glucosa en la sangre se alteran y la persona que sufre ese desequilibrio se muestra irritada o ansiosa. Sin embargo, no es malo que aumente o decrezca la presencia de esas sustancias en el torrente sanguíneo; simplemente permiten que el cuerpo responda mejor ante una determinada situación. De todos modos, unos índices demasiado bajos (la denominada *hipoglicemia*) suelen dar paso a los primeros síntomas de ansiedad.

La disminución repentina de glucosa en la sangre repercute de inmediato en el sistema nervioso y no es raro que se tengan sensaciones de ansiedad, confusión e, incluso, ataques de pánico. Las dietas ricas en azúcares refinados, así como las pobres en proteínas o grasas, acentúan esa situación, sobre todo si se toman ciertos estimulantes, como café o bebidas a base de cola.

Los déficit de vitaminas y minerales también aumentan la propensión a tener crisis de ansiedad. En el caso de que una persona las padezca con cierta asiduidad, tal vez sufra una carencia más o menos grave de magnesio, cinc o triptófano, un aminoácido. Por otra parte, una ingesta excesiva de ciertos nutrientes –como, por ejemplo, potasio, sodio, fósforo o cobre– puede aumentar la tensión de su sistema nervioso e incrementar la sensación de ansiedad.

En algunas ocasiones, puede ocurrir lo contrario y el organismo sea incapaz de asimilar los minerales en las cantidades necesarias. Esta insuficiencia suele ir aparejada con una hiperactividad de las glándulas adrenales o la tiroides y no es raro que conduzcan a estados de ansiedad, si bien es más habitual que desemboquen en episodios depresivos de mayor o menor intensidad.

¿Puedo hacer algo por mi cuenta?

Si tiene alguna razón de peso para temer por su salud, no se lo piense dos veces y acuda a la consulta del médico. Antes de someterse a cualquier terapia para vencer la ansiedad y mejorar el estado de sus emociones, debe asegurarse de que no padece ningún trastorno grave.

A continuación encontrará unos cuantos consejos dietéticos que le ayudarán a mejorar su vida cotidiana.

- Beba agua en abundancia. No sólo es bueno para el cutis, sino que le ayudará a eliminar las toxinas y mantendrá sus riñones en perfectas condiciones. Unos ocho vasos diarios es lo más recomendable. Si no le atrae demasiado la idea, pruebe a aromatizarla con unas gotas de zumo de limón o tomar infusiones de frutas.

- Asegúrese de que, al menos, come seis veces al día. Desayune, tome algo a media mañana, almuerce, meriende y cene. No se salte ninguna comida y, sobre todo, evite «picar» más dulces de la cuenta si no quiere aumentar el nivel de azúcar de la sangre.

- Tenga siempre a mano piezas de fruta o verdura, yogures u otros alimentos sanos por si siente apetito, sobre todo si en su lugar de trabajo sólo hay máquinas de refrescos o aperitivos industriales.

- Olvídese de la comida rápida: suele tener demasiadas grasas y aditivos, y no le harán ningún bien.

- Si lo desea, puede tomar un suplemento vitamínico. Bastará con una píldora al día. Sin embargo, tenga en cuenta que no la necesitará si logra seguir una dieta sana y variada. De hecho, nuestro organismo no asimila más vitaminas de las que necesitamos y, en el caso de que las ingiramos en mayor cantidad, acaba por eliminarlas a través de la orina.

• Procure evitar el café, el té, los refrescos de cola oel chocolate, pues todos ellos contienen cafeína. De todos modos, dese un capricho de vez en cuando: el mundo sería demasiado triste sin el chocolate. Eso sí, despierte al sibarita que lleva dentro y elija siempre productos de gran calidad.

• Aléjese de las grasas saturadas, pues sólo dañan a la salud, ya que disparan los niveles de colesterol y aumenta el riesgo de padecer trastornos coronarios o de desarrollar cáncer de mama, colon o próstata.

• No tome tanto alcohol: le deshidrata, aumenta la apatía, puede acentuar su depresión y, por si fuera poco, quizás le lleve a crisis de agresividad.

• Evite ingerir demasiada sal (el sodio no es bueno en su caso). Tenga en cuenta que, al menos, la cuarta parte de la que toma a diario se encuentra de forma natural en los alimentos. Piense que, cuanto menos salada sea la comida, se sentirá más tranquilo y, por tanto, más feliz.

¿Qué dieta debería seguir?

Como es de esperar, una dieta variada garantiza, no sólo el aporte de calorías necesario, sino también el resto de nutrientes imprescindibles para mantener la estabilidad física y psicológica deseada. De todos modos, a continuación se detalla una relación de los alimentos más beneficiosos para combatir la ansiedad.

Proteínas

- Carne (y, en especial, pollo)
- Pescado y marisco
- Legumbres
- Productos de soja

Hidratos de carbono

- Pan integral
- Pasta
- Arroz
- Guisantes y legumbres
- Frutas y verduras
- Frutos secos
- Dulces (aunque no son imprescindibles)

Calcio

- Productos lácteos
- Pescado
- Brécol, puerro, col, patata, chirivía, naranja

Potasio

- Patata y boniato
- Pescado (en especial el azul)

- Carne (cerdo y pollo, sobre todo)
- Coliflor, maíz, aguacate, puerro
- Muesli
- Yogur natural
- Plátano

Hierro

- Huevos

¿Qué clases de ayuda tengo a mi disposición?

Por lo general, cualquier persona aquejada de problemas relacionados con la ansiedad puede hacer lo siguiente.

Hablar del problema

Puede ser una buena solución si nuestras crisis de ansiedad se deben a algún contratiempo reciente, como una separación, la pérdida del empleo o la enfermedad de un ser querido. De todos modos, ¿con quién deberíamos hacerlo? En estos casos, lo mejor es dirigirse a amigos o familiares de confianza a los que consideremos atentos, juiciosos y, sobre todo, discretos. Quizás hayan pasado por lo mismo que usted o conozca de alguien que haya estado en una situación similar. Tratar estas cuestiones nos permite, además de un cierto desahogo, aprender de la experiencia ajena.

Participar en grupos de autoayuda

Tal vez sea la mejor manera de encontrarnos con personas que estén pasando por la misma situación. No sólo comprenderán sus miedos a la perfección, sino que, a través de su ejemplo, le ofrecerán algunas ideas para superarlos. La mayor parte de esos grupos centran su atención en fobias y ansiedades, y tienden a formarse en virtud de un problema en común, tales como los malos tratos, la depresión, etc.

Aprender a relajarse

En algunas ocasiones, el aprendizaje de una determinada técnica de relajación puede resultar de gran ayuda, sobre todo a la hora de reducir tensiones y prevenir crisis de ansiedad. Aunque existe una amplia oferta de cursos y seminarios dirigidos por especialistas muy solventes, también cabe la posibilidad de consultar un buen manual o, incluso, adquirir un DVD en el que se enseñen paso a paso. De todos modos, si se opta por esta solución, conviene tener muy en cuenta que tales medidas deben seguirse en todo momento y no sólo cuando se presenta el problema.

Ponerse en manos de un psicoterapeuta

A diferencia de los grupos de autoayuda, en estos casos se proporciona una atención personalizada y, sobre todo, intensiva. Por lo general, el psicoterapeuta ayuda al paciente a descubrir las causas de su ansiedad. Las sesiones suelen darse con una cierta periodicidad –una semana, más o menos– y pueden alargarse durante varios meses según la gravedad del problema. Aunque existe una gran variedad de métodos, es conveniente ponerse en manos de profesionales cualificados, como psicólogos o psiquiatras, si bien puede acudir en un principio a la consulta de su médico de cabecera o tratar con un asistente social.

Someterse a un tratamiento con fármacos

En la actualidad, la industria farmacéutica ha desarrollado diversos medicamentos destinados a aliviar estados de ansiedad que pueden manifestarse de forma particularmente aguda. Sin embargo, antes de tomar cualquier decisión es imprescindible que se asegure de que el psicoterapeuta que le atiende está cualificado para prescribir este tipo de tratamientos y que le informe del riesgo que entraña su consumo.

Póngase en contacto conmigo

Estaré encantada de atender cuantas consultas deseen hacerme los lectores. Se trata de la mejor manera de mantenerse al día y mejorar nuestros conocimientos acerca de una cuestión tan importante como ésta. Quien lo desee puede enviarme un mensaje por correo electrónico a la dirección *gladeana@dircon.co.uk.*

187

Direcciones útiles

A continuación se detalla una relación de diversas instituciones y organizaciones de apoyo a personas aquejadas de diversos trastornos que pueden estar relacionados con cuadros de ansiedad.

Asociaciones de ayuda a la ansiedad

Asociación Catalana para el Tratamiento de los Trastornos de Ansiedad y Depresión (ACTAD)
   Europa, 22
   08028 – Barcelona
   Tel.: 934 301 290
   www.actad.org
   (Se ocupa de trastornos de agorafobia y fobia social. Tiene bastantes servicios, aunque muchos son de pago: grupos de ayuda mutua, grupos terapéuticos, talleres, atención telefónica, orientación a familias, conferencias, voluntariado.)

Asociación Contra el Estrés y la Depresión (ACED)
Plaza de Callao, 1
28013 – Madrid
Tel.: 915 328 414
www.estresydepresion.org
(Aunque se ocupa principalmente de la depresión, ofrece asistencia psicológica y todo tipo de terapias, ya sean individuales, familiares, de grupo, de pareja, etc.)

Asociación de Afectados de Fobia Social (AAFS)
www.fobia-social.es.vg
(Asociación virtual, dispone de una buena sección de grupos de apoyo por zonas.)

Asociación de Trastornos Obsesivo-Compulsivos (ATOC)
Apartado 12117
08080 – Barcelona
Tel.: 934 954 536
www.asociaciontoc.org/espanyol/index2.htm
(Asociación nacional sin ánimo de lucro, integrada por especialistas, dedicada a proporcionar apoyo, educación y asesoramiento a personas con este tipo de trastornos así como a los miembros de sus familias.)

Asociación de Usuarios de Salud Mental (ADEMM)
http://ademm2002.americas.tripod.com
Asociación defensora del paciente
www.arbiol.com/ADEPA/home.html
(Actuación social y judicial contra las negligencias médicas.)

Federación Española de Asociaciones de Rehabilitación Psicosocial (FEARP)
www.fearp.org

Asociaciones de ayuda al alcoholismo

Alcohólicos Anónimos
www.alcoholicos-anonimos.org

Delegación para Cataluña
Apartado 505
08080 – Barcelona
Tel.: 933 177 777

Delegación para Madrid, Extremadura y Castilla-La Mancha
Apartado 10295
28080 – Madrid
Tel.: 913 418 282

Delegación para la Comunidad Valenciana
Apartado 1053
46080 – Valencia
Tel.: 963 917 160
Delegación para Andalucía
Apartado 419
41700 – Dos Hermanas (Sevilla)
Tel.: 955 664 924

Delegación para Galicia
Apartado 711
15780 – Santiago de Compostela
Tel.: 646 645 119

Delegación para Castilla-León y Cantabria
 Apartado 308
 39080 – Santander
 Tel.: 608 309 276

Delegación para Asturias
 Apartado 559
 33400 – Avilés
 Tel.: 649 235 531

Delegación para el País Vasco
 Apartado 772
 48080 – Bilbao
 Tel.: 944 150 751

Delegación para Aragón
 Apartado 7179
 50080 – Zaragoza
 Tel.: 976 293 835
Delegación para Navarra
 Apartado 6
 31080 – Pamplona
 Tel.: 948 241 010

Delegación para Gran Canaria
 Apartado 2598
 35080 – Las Palmas
 Tel.: 928 202 638

Delegación para Ceuta
 Apartado 44
 11080 – Cádiz
 Tel.: 606 210 001

Delegación para Melilla
Apartado 5183
29080 – Málaga
Tel.: 616 010 112

Delegación para la Rioja
Apartado 1301
26080 – Logroño
Tel.: 639 030 542

Delegación para Baleares
Apartado 1873
07080 – Palma de Mallorca
Tel.: 616 088 883

Asociaciones de ayuda a las toxicomanías

Proyecto Hombre
Tel.: 902 885 555

Andalucía
Proyecto Hombre Sevilla
Virgen del Patrocinio, 2
41010 – Sevilla
Tel.: 954 347 410

Asturias
Proyecto Hombre Asturias
Plaza del Humedal, 5
33207 – Gijón
Tel.: 984 293 698

Baleares
Proyecto Hombre Baleares
Oblates, 23

07011 – Palma de Mallorca
Tel.: 971 793 750

Canarias
Proyecto Hombre Canarias
Pedro Doblado Claverie, 34
38010 – Ofra (Tenerife)
Tel.: 922 661 020 / 922 661 500

Cantabria
Proyecto Hombre Cantabria
Isabel la Católica, 8
39007 – Santander
Tel.: 942 236 106

Castilla-La Mancha
Proyecto Hombre Castilla-La Mancha
Inclusa, 1
19001 – Guadalajara
Tel.: 949 253 573

Castilla-León
Fundación Aldaba -Proyecto Hombre
Linares, 15
47010 – Valladolid
Tel.: 983 259 030

Cataluña
Proyecto Hombre Cataluña
Gran Vía 204 bis, local 7
08004 – Barcelona
Tel.: 932 989 875

Comunidad de Madrid
Proyecto Hombre Madrid
Martin de los Heros, 68

28008 – Madrid
Tel.: 915 420 271

Comunidad Valenciana
Proyecto Hombre Valencia
Padre Esteban Pernet, 1
46014 – Valencia
Tel.: 963 597 777

Extremadura
Proyecto Hombre Extremadura
Coria, 25,bajos
10600 – Plasencia (Cáceres)
Tel.: 927 422 599

Galicia
Proyecto Hombre Galicia
Campillo de San Francisco, 5
15705 – Santiago
Tel.: 981 572 524

La Rioja
Proyecto Hombre La Rioja
Madre de Dios, 15
26004 – Logroño
Tel.: 941 248 877 / 941 248 845

Murcia
Proyecto Hombre Murcia
San Martín de Porres, 7
30001 – Murcia
Tel.: 968 280 034

Navarra
Proyecto Hombre Navarra
Avenida de Zaragoza, 23
31005 – Pamplona
Tel.: 948 291 865

Asociaciones de afectados por la enfermedad de Alzheimer

Asociación de familias con Alzheimer
www.afal.es/AFAL/asociaciones.php

Andalucía
AFA Sevilla
Virgen del Robledo, 6
41011 – Sevilla
Tel.: 954 273 421

Aragón

AFA Zaragoza
Marqués de Ahumada, 1-3, bajos
50007 – Zaragoza
Tel.: 976 258 862

Asturias
AFA Asturias
Apartado 245
33280 – Gijón
Tel.: 985 399 695 / 985 343 730 / 985 149 592

Fundación Alzheimer Asturias
Apartado 1005
33200 – Gijón
Tel.: 984 192 020

Baleares
AFA Baleares
Vinyassa, 14
07005 – Palma de Mallorca
Tel.: 971 777 404

Canarias
Federación Canaria de Alzheimer
Antonio Manchado Viglietti, 1
35005 – Las Palmas de Gran Canaria
Tel.: 928 233 029

Cantabria
AFA Santander
Rosario de Acuña, 7, bajo
39008 – Santander
Tel.: 942 370 808

Castilla-La Mancha
AFA Nueva vida
Cuartel, 7
45510 – Fuensalida (Toledo)
Tel.: 685 847 908

Castilla-León
AFA Valladolid
Centro Cívico San Pedro Regalado
Plaza de Carmen Ferreiro, 3
47011 – Valladolid
Tel.: 983 256 614

Cataluña
AFA Baix Llobregat (Barcelona)
Avda. San IIdefons, s/n
08940 – Cornellà de Llobregat
Tel.: 933 791 244

Comunidad de Madrid
    AFAL Contigo (Madrid)
    General Díaz Porlier, 36, bajo
    28001 – Madrid
    Tel.: 913 091 660

Comunidad Valenciana
    AFAV
    Nicolau Primitiu, 15, bajo
    46014 – Valencia
    Tel.: 963 587 958

Extremadura
    Federación Extremeña de Alzheimer
    Avenida de María Auxiliadora, 2
    06011 – Badajoz
    Tel.: 924 22 91 78

Galicia
    AFA Coruña
    Parque de San Diego - Centro Cívico Santiago, bajo
    15002 – La Coruña
    Tel.: 981.205.858

La Rioja
    AFA La Rioja
    San José de Calasanz, 3
    25504 – Logroño
    Tel.: 941 252 143

Murcia
    Federación Murciana de Alzheimer
    Avenida de la Constitución, 10
    30008 – Murcia
    Tel.: 968 935 353

Navarra
AFA Navarra
Pintor Maeztu, 2
31008 – Pamplona
Tel.: 948 275 252

País Vasco
AFA Bizkaia
Padre Lojendio, 5
48008 – Bilbao
Tel.: 944 167 617

Asociaciones de ayuda ante el acoso laboral (*mobbing*)

Andalucía
Asociación Andaluza contra el Acoso Moral en el Trabajo (ASACAMT)
Carpinteros, 6
41008 – Sevilla
Tel.: 610 890 852 / 629 402 215
www.asacamt.org

Aragón
Asociación Aragonesa contra el Acoso Psicológico (ARACAP)
Avda. de Pablo Gargallo, 13
50003 – Zaragoza
Tel.: 976 284 502 / 630 994 274

Asturias
Asociación Asturiana contra el Acoso Psicológico en el Trabajo (ASASCAPT)

199

Campomanes, 12
33009 – Oviedo
Tel.: 696 152 111
www.asascapt.org - www.mobbing.tk

Baleares
Asociación No al Acoso Moral en el Trabajo
    (ANAMIB)
Ramón Berenguer III, 20
07004 – Palma de Mallorca
Tel.: 687 044 811
www.anamib.com

Canarias
Asociación Canaria contra el Mobbing (ASCAMO)
Asociación de Vecinos «El Chapatal»
Parque Cultural Viera y Clavijo
38006 – Santa Cruz de Tenerife
Tel.: 659 045 569

Castilla-León
Asociación Castellano-Manchega contra el Acoso
    Psicológico en el Trabajo (ACMCAPT)
Tel.: 651 075 011

Castilla-La Mancha
Asociación Creativa Anti-Mobbing de Cuenca
    (ACAM)
Joaquín Rodrigo,16
16004 – Cuenca
http://acamcuenca.org

Cataluña
Mobbing No!
Pere Vergés, 1
08020 – Barcelona

Tel.: 690 380 241 (Delegación Barcelona)
Tel.: 619 582 078 (Delegación Tarragona)
Tel.: 615 314 104 (Delegación Lleida)
Tel.: 666 434 626 (Delegación Girona)
www.mobbingno.org

Comunidad de Madrid
Acción contra el Acoso Laboral (ACAL)
Rafael de Riego, 4
28045 – Madrid
Tel.: 627 612 978

Comunidad Valenciana
Grupo de Trabajo de la Comunidad Valenciana
(ISTAS)
Almirante, 3,
46003 – Valencia
Tel.: 963 911 421

Extremadura
Plataforma Extremeña contra el Acoso Laboral
(PECAL)
Moret, 1
10003 – Cáceres
Avenida de Godofredo Ortega y Muñoz, 1
06011 – Badajoz
Tel.: 927 222 058 / 670 666 266 / 616 614
Tel.: 920 / 687 652 082

Galicia
Asociación Gallega contra Acoso Moral en el Tra-
bajo (AGACAMT)
Juan XXIII, 10
15001 – La Coruña
Tel.: 637 954 900 / 617 537 085

Navarra
Asociación Navarra contra el Acoso Psicológi-
co-Moral en el Trabajo (ANACASIT)
Marcos Goñi, s/n (Edificio Andrea)
31015 – Pamplona
Tel.: 948 131 028
www.anacasit.com

País Vasco
Asociación Vasca contra el Acoso Laboral (AVAL)
Casa de Asociaciones Itziar, s/n.
01003 – Vitoria-Gasteiz
Tel.: 945 284 286
www.avalacoso.com
www.avaleme.org

Índice